1

HERMENÉUTICA DEL ESPIRITU

*Cómo Interpretar los Sucesos del Espíritu
a la Luz de la Palabra d Dios*

Bernardo Campos

Kerigma Publicaciones

Publicaciones Kerigma ©2016 Salem Oregón

www.seminarioteologicokerigma.org/publicaciones

Diseño de Portada: Publicaciones Kerigma

2016 Publicaciones Kerigma

Salem Oregón

ISBN-10: 0-9979958-3-1

ISBN-13 :978-0-9979958-3-1

© 2016 Publicaciones Kerigma
Primera Edición: 1500 ejemplares

HERMENÉUTICA DEL ESPIRITU

*Cómo Interpretar los Sucesos del Espíritu
a la Luz de la Palabra d Dios*

Bernardo Campos

Kerigma
Publicaciones

CONTENIDO

INTRODUCCIÓN

Hace más o menos unos quince años atrás, me encontraba un día estudiando la Biblia, cuando el Señor me mostró en el pasaje de 1 Pedro 1:10-12 **la estructura** de lo que llamamos aquí *Hermenéutica del Espíritu*. El texto dice:

> Los profetas que profetizaron de la gracia destinada a vosotros, **inquirieron** y diligentemente indagaron acerca de esta salvación, **escudriñando qué persona y qué tiempo indicaba el Espíritu de Cristo** (mesiánico) **que estaba en ellos**, el cual anunciaba de antemano los sufrimientos de Cristo, y las glorias que vendrían tras ellos. A éstos **se les reveló** que no para sí mismos, sino para nosotros, administraban las cosas que ahora os son anunciadas por los que os han predicado el evangelio **por el Espíritu Santo enviado del cielo;** cosas en las cuales anhelan mirar los ángeles (1 Pe 1:10-12)

Con honestidad lo digo, nunca antes había yo reflexionado sobre el espíritu del Mesías que estaba *en* los profetas del Antiguo Testamento. Aquella unción interna que también habita en nosotros y apunta al reconocimiento del Mesías cuando vuelva:

> Os he escrito esto sobre los que os engañan. Pero la **unción que vosotros recibisteis de él permanece en vosotros,** y no tenéis necesidad de que nadie os enseñe; así como **la unción misma os enseña todas las cosas**, y es verdadera, y no es mentira, según ella os ha enseñado, permaneced en él. Y ahora, hijitos, permaneced en él, para que **cuando se manifieste**, tengamos confianza, para que en su **venida** no nos alejemos de él avergonzados (1 Jn 2:26-28)

¿Qué era todo esto? ¿Qué es esa unción que nos muestra al Mesías, que nos enseña todas las cosas? ¿Cómo así se da ese conocimiento? Me preguntaba.

Seguí leyendo y para mi asombro, cada texto que encontraba abriendo al azar la Biblia, me hablaba del Mesías. Al principio pensé que era casualidad. Abría la Biblia en cualquier parte y, oh sorpresa, cada lugar, cada texto, hablaba del Mesías. Mis ojos se dirigían hacia un texto al azar y, en efecto, ese texto tenía relación con el anterior. Sorprendido como estaba, comencé a escribir en mi computador esa "revelación" (entre comillas). El Señor me fue mostrando una estructura profunda en los textos bíblicos referidos al Mesías. Me mostró que por el *espíritu mesiánico* que habita en nosotros, los que tenemos la mente de Cristo, al haber nacido de nuevo, podemos *conocer* todas las cosas. Podemos encontrar en los acontecimientos históricos algo más que un evento cotidiano; que en algunos eventos que para el común de la gente es sólo algo natural, nosotros podíamos ver una señal relativa al futuro o el cumplimiento de una profecía bíblica.

Ese día escribí profusamente, desde las nueve y treinta de la mañana, hasta aproximadamente las seis de la tarde. Me llamaron para almorzar y no lo hice. Estaba absorto. Estaba entusiasmado con lo que el Señor me estaba mostrando. No era una revelación nueva, era simplemente la comprensión del sentido profundo de la Biblia como el antiguo *sensus plenior*, o **sentido profundo** al que uno llega cuando hace una *lectura semiótica* de los textos[1].

Según Brown el *sensus plenior* es "ese significado adicional, más profundo, destinado por Dios, pero no clara-mente indicado por el autor humano, que se ve que existe en las palabras de un texto bíblico (o grupo de textos, o incluso un libro entero) cuando se estudian a la luz

---

[1] La frase *sensus plenior* significa "sentido pleno" o "significado pleno". En la exégesis bíblica se usa para describir el supuesto significado profundo destina-do por Dios, pero no propuesto por el autor humano. Walter C. Kaiser señala que Andre F. Fernández acuñó el término en 1927, pero fue popularizado por el biblista Raymond E. Brown. Walter C. Kaiser, Jr., "*Single Meaning, Unified Referents: Accurate and Authoritative Citations of the Old Testament by the New Testament*," in Stanley N. Gundry et al, **Three Views on the New Testament Use of the Old Testament** (Grand Rapids: Zondervan, 2007), 47.

de una mayor revelación o desarrollo en la comprensión de la revelación"[2]

Era consciente por mi formación teológica que estaba recibiendo una **iluminación** del Espíritu Santo para comprender las Escrituras. Veía claramente los esquemas narrativos en los textos que estudiaba, sin aplicar estrictamente el método de análisis semiótico.

¿Qué era todo esto? Estaba extasiado, pero a la vez agotado por mi concentración exegética. Al caer la tarde, decidí salir y dar una vuelta con mi carro para despejarme. Iba pensando por el camino qué significa esto. En eso, mirando al horizonte, por el parabrisas, vi algo parecido a una estrella incandescente, de color rojo muy alto en el cielo. Por mirar con asombro esa estrella, casi me estrello con un bus que estaba detenido en el camino. Salí raudamente a un costado de la pista y regresé a mi casa, preocupado.

Recuerdo que atribuí al demonio esa "visión" de la estrella roja incandescente, pues casi me mato por mirar esa aparición. Usted entenderá querido (a) lector (a) que a veces alucinaos con los misterios del firmamento. Perdónennos. Pero eso es lo anecdótico. Lo interesante vino después.

Llegué a mi casa y traté de abrir el archivo en el computador y, ¡Nueva sorpresa! El archivo producto de casi nueve horas de trabajo estaba "dañado". "No puede ser", dije para mí mismo. Yo tengo la costumbre casi maniática de hacer "control G", es decir garbar, grabar y grabar después de cada párrafo, para evitar que se borre el trabajo.

Era virtualmente imposible que se dañara el archivo guardado. Quedé preocupado y ansioso por abrirlo. Era el trabajo de todo un día. En él se escondía un conocimiento importante para mí. Como cristiano oré, y luego de la oración procuré abrirlo, pero nada. Llamé a mi hijo mayor, ingeniero de sistemas, para que me ayude. Le pasamos el mejor

---

[2] Raymond E. Brown, *The Sensus Plenior of Sacred Scripture* (Baltimore: St. Mary's University, 1955), 92. Cf. También *El Comentario Bíblico San Jerónimo* Vol. 1 Geoffry Chapman Publishers, London, 1971, pp. 605–623.

antivirus a la máquina, y nada. Mi hijo trató de recuperarlo con un programa de recuperación de archivos, pero nada.

Allí quedó, cerrado por varios años. Cambié varias veces de disco duro, pero guardé celosamente el archivo, casi como recuerdo de aquel día glorioso.

Cinco años después, buscando en mi computador un tema relacionado, hice clic al bendito archivo por si acaso suceda algo y ¿qué creen? misteriosamente se abrió y pude recuperar la información completa. Es esa información la que ahora comparto con ustedes. Los hermanos a quienes he contado este testimonio, me dicen que en aquel entonces "no era el tiempo" para que se conozca. Que quede claro que el texto que ustedes tienen entre manos ahora no es una revelación. Es simplemente una explicación teológica y a mi modo, del método de una hermenéutica del Espíritu.

Los exégetas, expertos en el análisis de los textos, y los teólogos, podrán encontrar aquí un *núcleo de sentido* que, con sus artes y conocimientos científicos, podrán mejorar. Este pequeño libro ha sido escrito para los creyentes en general. Para aquellos que teniendo o no teniendo una formación teológica profesional, tienen hambre y sed de conocer todo lo relativo al Mesías venidero y a él personalmente.

Hermenéutica de Espíritu, como su nombre técnico lo dice, es la interpretación de la Biblia y de los acontecimientos históricos con la dirección del Espíritu Santo, cuya finalidad última es reconocer al Mesías, autor de nuestra salvación. Es una *interpretación vital* de los acontecimientos que apuntan al Mesías.

Todo creyente que tiene ya *la unción del Santo* (de Jesús de Nazaret) hecho Señor y Cristo, puede reconocer al Mesías. Y lo hará no por el camino de la exégesis que lo lleva a conocer *acerca de* Cristo, sino por la *hermenéutica teológica* (la inteligencia de la fe o *inteligencia espiritual*) que lo lleva a conocer al mismo Cristo cuando se presenta vivo y resucitado en la realidad de la historia personal y colectiva.

El libro tiene tres partes. **La primera parte "El Mundo del Espíritu"** tiene tres capítulos y describe el ámbito espiritual en el que nos movemos los que conocemos a Dios. Refiere al hecho de cómo los creyentes siempre buscamos un sentido a las cosas; cómo construimos significados en nuestra experiencia religiosa.

El *capítulo 1* plantea la teoría de una hermenéutica del espíritu y es algo así como el marco teórico de la propuesta. Los lectores si lo prefieren pueden saltarse este capítulo e ir directamente a los siguientes, y volver a él tras haber concluido el resto del libro.

El *capítulo 2* muestra el lugar importante de la experiencia, muchas veces maltratada o descuidada en la interpretación.

El *capítulo 3* en el marco de *las inteligencias múltiples*, propone tomar conciencia de que toda interpretación está sujeta a paradigmas de nuestro tiempo. Sugiere que nuestra manera de interpretar las cosas, es una *inteligencia espiritual,* que debería superar la *inteligencia racional* (moderna) y la *inteligencia emocional* (postmoderna) [3].

La segunda parte, "Sustento Bíblico para una Hermenéutica del Espíritu", se compone de seis capítulos breves. El reconocimiento del Mesías como objeto material de una Hermenéutica del Espíritu, la unción como método para la HDE y algunos ejemplos del Nuevo Testamento en los que se aprecia cómo operó esta hermenéutica.

La tercera parte, "Interpretación de acontecimientos actuales del Espíritu", en tres capítulos adicionales, examina algunas experiencias religiosas tales como el movimiento de sanidad interior, guerra espiritual y liberación de endemoniados; el propio movimiento pentecostal y carismático; y la interpretación profética de sueños, visiones y operaciones del Espíritu.

---

[3] Cf. Las consecuencias de la transición de la modernidad a la postmodernidad y la emergencia del sujeto en Alain Tourain, *Crítica de la Modernidad*. México: Fondo de Cultura Económica, 2000: 177-197.

El propósito es llevar al lector a ensayar por el Espíritu la interpretación de estos hechos a la luz de la Biblia.

Tengo la esperanza que el Espíritu Santo completará y llenará los vacíos que este libro pueda dejar y que nos librará de errores y falsificaciones de la unción que Dios ha derramado en nuestros corazones para conocer y reconocer al Mesías.

Bernardo Campos
Primavera del 2016

I PARTE
EL "MUNDO DEL ESPIRITU"

LA ESPIRITUALIDAD

La espiritualidad es la forma cómo experimentamos la vida en la presencia de Dios, con su Espíritu. tiene que ver con la contemplación de su rosto y con nuestra praxis consecuente, luego de estar en la presencia de Dios. Es un don y una tarea al mismo tiempo [4]

1. La construcción de significados en la espiritualidad

El *mundo* del Espíritu es *una realidad* en la que los creyentes se mueven por fe y operan en una lógica distinta a la lógica humana racional. Es *un ámbito* en el que se mueven los creyentes y desde donde interpretan la realidad como una realidad espiritual [5].

A partir de esta *construcción simbólica de la realidad*, construyen significados que dan sentido a sus vidas. Por lo general construyen sentidos usando categorías y significados propios de su cultura y sus tradiciones· Incluso leyendas y creencias ancestrales juegan un rol protagónico como materiales con los cuales construyen y reconstruyen nuevos significados [6].

El *mundo del espíritu*, como le suelen llamar los creyentes, especialmente místicos y carismáticos, es un universo simbólico bastante com-

---

[4] C. René Padilla (editor) *La fuerza del Espíritu en la Evangelización. Hechos de los apóstoles en América Latina*. Bs. As.: Kairós, 2006
[5] Para algunos psicólogos, el hecho religioso y sus contenidos no resiste una prueba o juicio de realidad, aunque para el sujeto religioso sean "realmente reales". Cf. Saúl Miguel Rodríguez Amenábar, *Metapsicología y hecho religioso*. Bs.As.: Ed. Universitaria, 1979: 261-298
[6] Así lo muestra Juan Jacobo Tancara en su *Teología Pentecostal Popular. La fe en comunidades periurbana y andinas*. La Paz, Bolivia: ISEAT-PC, 2011

plejo en el que se entremezclan signos de distinto origen, cultural, religioso, ideológico político, económico, así como un caudal de significados propios de la imaginación popular o de una *inteligencia espiritual*, según veremos más adelante.

La experiencia religiosa, en particular, produce cantidades sin fin de signos, significantes y significados creando un lenguaje propio de la "espiritualidad" religiosa[7]. Ángeles y demonios, seres extraños, elementos nuevos y hasta grotescos, acciones taumatúrgicas, actos portentosos, maravillas, milagros, gestos, actos extraordinarios, todos ellos vistos como realidades misteriosas no siempre bien entendidos, pero siempre evocados. Es tan compleja[8] que el hombre natural, con los cánones de su racionalidad moderna, es incapaz de entender o explicar.

El presente trabajo busca aproximarse a un aspecto de la experiencia religiosa, el de la inteligencia espiritual o modo de conocer desde la fe. Se trata de la *actividad hermenéutica* o interpretativa mediante la cual los creyentes son capaces de explicar su *mundo* y con ello su propia identidad religiosa y social.

Una vez que las personas asumen la vida religiosa en profundidad, empieza una actividad interpretativa (hermenéutica) que cubre tanto su vida cotidiana como todo el tiempo de sus vivencias religiosas

Interpretamos sucesos, acontecimientos, acciones, gestos, palabras [9], y todo cuanto nos rodea en la cultura, sociedad, política, la economía y la religión.

---

[7] Un trabajo amplio y bien informado sobre espiritualidad puede encontrarse en Steven Land, *La espiritualidad Pentecostal: Una pasión por el Reino*. Ecuador: SEMISUD, 2009.

[8] Así lo hace notar Juan Martín Velasco, *"Las Variedades de la Experiencia Religiosa"* en, J. M. Velasco, et. al. *Experiencia Religiosa*. Madrid: Universidad Pontificia Comillas. 1989: 19-81.

[9] Un tratamiento sobre la experiencia religiosa y sus consecuencias para la formación de una inteligencia espiritual puede verse en Oscar Puigardeu Aramendia, *Una aproximación al concepto de inteligencia espiritual basada en el método de análisis biográfico* en: *Journal of Transpersonal Research*, 2011, Vol. 3 (2), 157-176

2. El sentido de la Fe Cristiana

Si pudiéramos reducir el contenido de la fe cristiana en pocas palabras, tendríamos que quedarnos con el propósito de la vida eterna, señalado por Jesucristo:

> *Y esta es la vida eterna: que te conozcan a ti, el único Dios verdadero, y a Jesucristo, a quien has enviado* (Juan 17.3)

Conocer a Dios y a su enviado, el mesías prometido por los profetas, es la razón última de la fe y de la vida cristiana. Sin embargo, no todos le llegan a conocer debido a la incredulidad, el pecado que no les permite verlo, o tal vez debido a que intentan conocerlo racionalmente, cuando hay que conocerlo espiritualmente.

Esto supone necesariamente un proceso de conocimiento y de reconocimiento como el Hijo de Dios. El apóstol Juan señala que:

> *A lo suyo vino, y los suyos no le recibieron. Mas a todos los que le recibieron, **a los que creen en su nombre**, les dio potestad de ser hechos hijos de Dios* (Juan 1:11-12)

Todos sabemos que los judíos no pudieron entender ni conocer el *tiempo de la visitación* de Dios a través del Mesías.

> *Y te derribarán a tierra, y a tus hijos dentro de ti, y no dejarán en ti piedra sobre piedra, porque no conociste el tiempo de tu visitación* (Lc 19.44)

¿Por qué? ¿Por qué solo aquellos a quienes Jesús llamó y a quienes sus seguidores predicaron, pudieron recibir a Jesús en su corazón?

La respuesta podría estar en que le conocieron desde *la lógica de la fe*, que esencialmente es alimentada por el Espíritu de Dios. Los otros, los que miraron a Jesús desde la racionalidad judía de su tiempo, influidos por la cultura y la experiencia de falsos mesías que lo antecedieron, no lo pudieron reconocer. Lo vieron desde la tradición abrahámicas que los llevaba a pensar que estaban en la verdad por el solo hecho de ser descendientes de Abraham (según el árbol genealógico). No lo reconocieron como Mesías.

Solo unos pocos como Nicodemo y los doce del cordero, pudieron nacer a la fe. Sólo ellos pudieron ver y entender a Jesús en una dimensión diferente. Aun así, habiendo conocido ya al Mesías, del cual hablaban los profetas, al rey de Israel, al Rabí, (Jn. 1.29-51) no fueron capaces de entender la *resurrección* cuando Jesús lo anunciaba y ni aun cuando esta se dio como hecho (Jn. 20.9) ¿Por qué? Porque se hacía necesario una acción permanente del espíritu de Dios para penetrar en las profundidades de Dios (1 Cor 2.10). Porque es después de la resurrección, o con la resurrección, que se abre una nueva dimensión en la fe de los discípulos (Lc. 24.31)

A Jesús lo acusaron de echar fuera demonios por Belcebú, cuando lo hacía *por el dedo de Dios*. Veían cosas que no eran, interpretaban mal las acciones de Jesús. Eran capaces de interpretar el clima, pero no los signos de los tiempos, que anunciaban al mesías.

> *Cuando anochece, decís: Buen tiempo; porque el cielo tiene arreboles. Y por la mañana: Hoy habrá tempestad; porque tiene arreboles el cielo nublado. ¡Hipócritas! que sabéis distinguir el aspecto del cielo, ¡más **las señales de los tiempos** no podéis!* (Mt 16.2-3)

> *Este echa fuera los demonios por Belcebú, príncipe de los demonios (...) Pero si yo por el Espíritu de Dios echo fuera los demonios, ciertamente ha llegado a vosotros el Reino de Dios* (Mt 12. 24, 28)

Esa comprensión de fe, esa lógica nueva, en la dimensión del Espíritu, a la luz de las Escrituras y de la resurrección, es lo que llamamos *Hermenéutica del Espíritu*. Una manera de interpretar no solo la fe, sino la vida misma y sus aconteceres y, con ello, una manera de construir una identidad en el mundo.

CAPITULO 1
La Teoría de una Hermenéutica del Espíritu

1. Planteo epistemológico

En efecto, esta exposición insinúa con temor y temblor los postulados básicos de una "hermenéutica del Espíritu" (que abreviaremos con las siglas HDE) como instrumental para la comprensión de los *signos de los tiempos* y en particular el fenómeno religioso contemporáneo, así como la Obra del Espíritu Santo en el mundo. Tal vez sea necesario aclarar que hacemos teoría desde un particular punto de partida *subjetivo* y es el hecho de que los creyentes, como hijos de Dios, siempre hemos creído y confesado la vigencia de *revelaciones* de Dios en su carácter de *rehma o palabra y habla viva de Dios.*

Creemos en teofanías y una variedad de hierofanías, pero todas ellas son siempre confrontadas con La Revelación Especial, que es la Palabra de Dios en Cristo, el testimonio profético más seguro: las Sagradas Escrituras.

Distinguimos entre "revelaciones" en plural (sinónimo de iluminación del Espíritu) y La Revelación en singular, fuente de la teología cristiana [10].

Adviértase desde ahora que se trata de proponer un método de interpretación de la realidad a partir de una comprensión espiritual [verstehen[11]] de las Escrituras. En otras palabras, una lectura de la

---

[10] Cf. El concepto *"revelación abierta"* en la cultura boliviana de El Alto en Juan Jacobo Tancara Chambe, **Teología Pentecostal Popular. La fe en comunidades periurbana y andinas.** La Paz, Bolivia: ISEAT-PC, 2011: 219-222.

[11] Seguimos aquí la distinción que hace Rudolf Bultmann en **Creer y Comprender.** [Glauben und Verstehen] 2 Vols. Madrid: Stvdivm, 1976

realidad desde la iluminación del Espíritu Santo en referencia directa a las Sagradas Escrituras [12] o con la ayuda de ellas. "Palabra y Espíritu" como un binomio obligado para salvaguardarnos del error o de caer en una subjetividad incontrolable.

Precisamente, la realidad en la cual estamos y la cual siempre "construimos" según Berger y Luckmann[13], no es sólo ni únicamente la *realidad material del mundo físico* que poblamos. Hay *otros ámbitos de realidad[14]* que necesitamos reconocer y que –en el caso de lo espiritual-- por su naturaleza es posible conocer mediante aquel horizonte de comprensión que denominamos teológicamente una "Hermenéutica del Espíritu".

Hablo de aquello que los cristianos reconocemos como el "**mundo del espíritu**" o realidad espiritual, diferenciándolo del "mundo de los espíritus", campo de las teogonías accesibles desde una antropología de la religión o desde los estudios metafísicos [15].

Se trata, en el fondo, de retomar la idea del «discernimiento de espíritus» mediante el cual los creyentes pueden reconocer "los espíritus"[16] que perturban su comprensión y el seguimiento a Jesús. A

---

12 Naturalmente suponemos aquí las tres mediaciones recogidas por Clodovis Boff para el proceso teológico contemporáneo, cuales son la mediación socio analítica, la mediación hermenéutica y la práctico-crítica. Cf. Clodovis Boff, *Teologia e Pratica*. [Traducido al español como «Teología de lo Político»]. Salamanca: Sígueme, 1980

13 Berger y Luckmann *La Construcción Social de la Realidad*. Buenos Aires, Amorrortu, 1968

14 Así lo muestra Genaro Zalpa sobre teoría de la religión, siguiendo a Berger y Luckmann, "*Y la palabra se hizo poder: semiosis social, significación y poder en las organizaciones religiosas*" en Antonio Higuera Bonfil (coord.) *Religión y Culturas contemporáneas*. México: Editorial Manda, 2011: 188-191

15 Una crítica al pensamiento pos metafísico en misiología en la perspectiva de la acción comunicativa de Habermas y Gianni Vatimo, puede verse en David Mesquiati de Oliverira, *Missão, Cultura e Transformaçao. Desafios para a práctica missionária comunicativa*. Brasil: Editora Sinodal-CLAI, 2011: 62-69.

16 Debemos advertir que se usa la expresión en un sentido genérico como "espíritu de la cultura", sinónimo de corriente o influencia, y no siempre ni necesariamente como sinónimo de entidades espirituales, como demonios o ángeles. El uso frecuente en las iglesias es el de demonios o fuerzas del mal.

esto denominamos "espíritu del error", "espíritu de engaño", "iniquidad" o anticristo.

2. El Punto de Partida de una HDE.

Para empezar, es importante diferenciar entre un "punto de partida epistemológico" y un "punto de partida existencial".

Por lo general, los que no hacen esta distinción cometen errores **semánticos** que desvían la discusión hacia apologías innecesarias sobre La Revelación (con mayúscula) y reflejan prejuicios que conducen a confusión. Creemos en una revelación de Dios abierta, pero siempre iluminada por las Sagradas Escrituras.

a. El punto de partida epistemológico

Por **punto de partida epistemológico** entendemos la Revelación de Dios. Es el *a priori* del quehacer teológico y, por definición, la base de toda reflexión y hermenéutica teológicas.

Los cristianos afirmamos que las Sagradas Escrituras son y contienen la Palabra de Dios revelada a los hombres a través de la historia. Como tal, son el registro de la Palabra de Dios (como lengua y habla según Ferdinand de Saussure), y constituyen el punto de partida referencial, así como el horizonte desde donde construimos nuestra *teoría* del conocimiento religioso.

El nuestro es, por eso, un *conocimiento revelado* en el sentido de que se sostiene en la revelación que ha sido escrita por los escritores sagrados o *hagiógrafos* inspirados por el Espíritu Santo.

El discurso teológico, que es un discurso *situado* y que se construye desde este referente expresa, no solo en sus significados y significantes, sino en su *estructura* misma, la naturaleza de esta revelación como proviniendo del Dios.

Del que está *más allá* de nosotros mismos y de *todo condicionamiento histórico*. Ese *incondicional* al que Paúl Tillich solía referirse en su teología sistemática y su teología de la cultura.

El Dios que se hizo hombre en Jesús de Nazaret y se reveló *desde lo alto* como el Dios encarnado (Mt 16:17) [17]

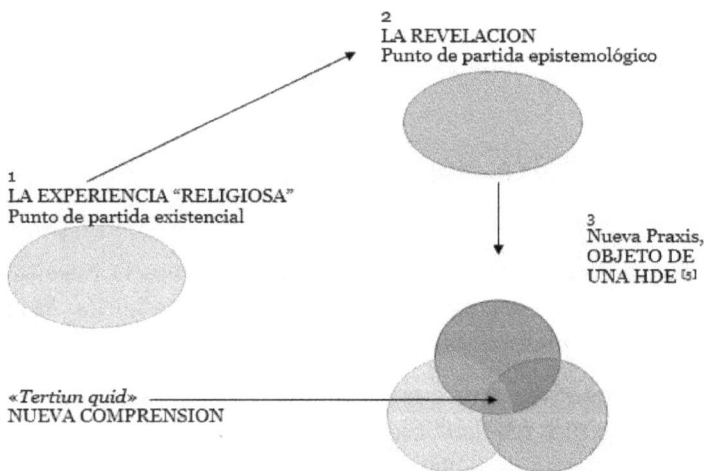

2
LA REVELACION
Punto de partida epistemológico

1
LA EXPERIENCIA "RELIGIOSA"
Punto de partida existencial

3
Nueva Praxis,
OBJETO DE
UNA HDE [5]

«*Tertiun quid*»
NUEVA COMPRENSION

En teología entendemos que La Revelación (en singular), definida como "auto manifestación" de Dios al Hombre con un propósito creacional y salvífico, es *epistemológicamente anterior* a la Realidad y la que provoca *revelaciones* (en plural) en los creyentes.

---

[17] La aposición [...sino mi Padre] *"que está en los cielos"* expresa en el texto precisamente el origen no terreno (divino) de la Revelación.

b. El punto de partida existencial

El **punto de partida existencial**, en cambio, es la misma **experiencia** religiosa, cultural y social, individual o colectiva. Pero, a diferencia del punto de partida epistemológico, el punto de partida existencial es **históricamente** *anterior* a la Revelación, pues desde ella empezamos todo proceso cognoscitivo y de interpretación en el horizonte religioso.

Nuestra vida cotidiana plantea una serie de preguntas existenciales y reclama una respuesta que llene o satisfaga la **sed de sentido** que tenemos como seres creados. Por eso, es natural que en los procesos exegéticos el punto de partida sea *nuestra situación vital* (*Sitz im Leben*) y no la del autor del texto [18]. Esto no significa poner en segundo plano las Sagradas Escrituras. Es solo reconocer que siempre partimos desde nuestra existencia y desde ahí, influidos por la cultura con sus aciertos y desaciertos, vamos a buscar en la Biblia una respuesta de Dios para darle sentido a nuestra vida[19].

Como lo reconocen ahora muchos investigadores, la *experiencia humana* dadora de sentido y de validez, con sus correlatos, considerada en todas sus dimensiones —sea ella teórica, axiológica o práctica; sensible o intelectual; irreflexiva y ante predicativa o reflexiva y judicativa; perceptiva y gestual o lingüística; material o formal; encarnada o espiritual; individual o intersubjetiva; histórico-temporal o ideal; activa o

---

18 Para una discusión sobre la historicidad de la comprensión como principio hermenéutico remito al lector a Hans-Georg Gadamer, **Verdad y Método: Fundamentos de una Hermenéutica filosófica,** Salamanca: sígueme, 1977: 331-585. Cf. También Rudolf Bultmann, **Creer y Comprender**. 2 Vols. Madrid: Stvdivm, 1976, especialmente el volumen II sobre "el problema de la hermenéutica".

19 El fundamento filosófico de esta teoría hermenéutica descansa en la propuesta de Paul Ricoeur y H.G. Gadamer. Una explicación de ella como *"hermenéutica de la apropiación"* del sentido, se puede ver en Hans De Wit. *En la dispersión el texto es patria: Introducción a la hermenéutica clásica, moderna y posmoderna*. San José, Costa Rica: Universidad Bíblica Latinoamericana (UBL), 2011: 187-216.

pasiva; genética o generativa– constituye el campo de interés e investigación descriptiva e interpretativa de la fenomenología[20].

Asimismo, la interpretación de todo sentido y validez, en tanto constituidos por, y sedimentados en, el lenguaje –motivado intersubjetiva y culturalmente, así como estructurado narrativamente según la constitución temporal e histórica de un texto–, constituye el terreno privilegiado del interés hermenéutico.

---

[20] Miguel García-Baró, *Experiencia e interpretación, VI Jornadas Peruanas de Fenomenología y Hermenéutica*. http://cef.pucp.edu.pe/agen da/experiencia-e-interpretacion-vi-jornadas-peruanas-de-fenomenologia-y-hermeneutica [consultado 10.12.10]

CAPÍTULO 2
EL LUGAR DE LA EXPERIENCIA EN LA
INTERPRETACIÓN

1. Los ámbitos de la experiencia

Ya es ampliamente conocido el hecho que los pentecostales consideran una tensión dialéctica entre autoridad de la Escritura y autoridad de la experiencia[21].

En el proceso de interpretación la **experiencia** de cada uno juega un papel importante y hasta determinante. Es la experiencia **distinta** de cada uno, lo que hace que entendamos la realidad de manera significativa y particular.

Vale la pena que nos detengamos en este punto.

¿Qué es, pues, la «**experiencia**»?

Según el conocido filósofo José Ferrater Mora, podemos utilizar la palabra **experiencia** en unas cinco acepciones importantes:

1. Experiencia como la **aprehensión** *de* una realidad *por un sujeto*, una forma de ser, un modo de hacer, una manera de vivir. La experiencia es entonces un modo de **conocer** algo inmediatamente antes de todo juicio formulado sobre lo aprendido.

---

[21] Así lo demuestra Keneth J. Archer en su investigación sobre la hermenéutica pentecostal: *A Pentecostal Hermeneutic: Spirit, Scripture and Community*. **Journal of Pentecostal Theology. Supplement Series** (28), Cleveland: CPT Press, 2005: 87, 212-260. Según Archer la estrategia narrativa en la hermenéutica pentecostal es una feliz combinación de tres contribuciones: del Espíritu, de la comunidad pentecostal y de la Sagrada Escritura simultáneamente. Dice: *"Pentecostals require a hermeneutical strategy that involves an interdependent tridactic dialogue between Scripture, the Spirit and community resulting in a creative negotiated meaning"* (p. 260). Esa misma relación entre experiencia y Biblia puede verse en Frederick Dale Bruner, **A Theology of the Holy Spirit**. Michigan: William Eerdmans Publisher. 1970: 118-129.

2. *La **aprehensión** sensible de la realidad externa.* Se dice entonces que tal realidad se da por medio de la experiencia, también por lo común antes de toda re-flexión, es decir --como decía Husserl-- "pre predicativamente".

3. *La **enseñanza** adquirida con la práctica.* Se habla en consecuencia de la experiencia en un oficio y, en general, de la experiencia de vida.

4. *La **confirmación** de los juicios sobre la realidad* por medio de una verificación sensible de esa realidad. Se dice por ello que un juicio sobre la realidad es **verificable** por medio de la experiencia.

5. *El hecho de **soportar** o "sufrir" algo,* como cuando se dice que se experimenta un dolor o una alegría, etc. En este último caso, la experiencia aparece como un "hecho interno"[22], subjetivo.

La experiencia es entonces una forma de conocimiento o habilidad derivados de la observación, de la participación y de la vivencia de un evento o proveniente de las cosas que suceden en la vida. Es un conocimiento que se elabora colectivamente. Este conocimiento puede tener dos formas: *a priori* o anticipadamente y *a posteriori* o tras una experiencia.

Las expresiones *a priori* (en latín: previo a) y *a posteriori* (en latín: posterior a) se utilizan para distinguir entre dos tipos de conocimiento: el conocimiento **a priori** es aquel que, en algún sentido importante, es independiente de la experiencia; mientras que el conocimiento **a posteriori** es aquel que, en algún sentido necesario, depende de la experiencia.

Para los cristianos el conocimiento de la existencia de Dios es un conocimiento *a priori,* porque para existir Dios no necesita de nuestra ex-

---

22 José Ferrater Mora, "Experiencia" en **Diccionario de Filosofía**. Tomo I (A-K). Bs As.: Editorial Sudamericana, 1971: 618-623.

periencia. En la medida que ese Dios soberado se ha revelado a nosotros, ha dado lugar una experiencia con él (a posteriori) y ha generado un nuevo conocimiento: el conocimiento *revelado*. Se trata de un conocimiento *objetivo* cuando proviene de Las Escrituras y *subjetivo*, personal, cuando uno se apropia del sentido interpretado. La experiencia interpretativa, contrariamente a lo que algunos suponen, es también extensible a otros. Tras una experiencia espiritual similar, ese conocimiento revelado llega a ser comunitario.

2. La experiencia de lo sobrenatural

La *experiencia* de *lo sobrenatural* es, en sí misma, verdadera para el sujeto que la vive y su **veracidad** no puede ser cuestionada por un sujeto externo. Sólo se puede constatar su **autenticidad** [23] y **legitimidad**. Si uno entra en la misma dimensión o la misma lógica, puede hacer que esa experiencia sea también **extensible**. Pero esa es la condición. Es necesario una *empatía* (una *congenialidad*) con el otro para comprender –o al menos acercarnos a-- su experiencia o reproducir a nuestro modo la misma.

Ahora bien, ¿dónde estaría entonces la clave que permitiría desentrañar el nudo gordiano del problema que planteamos para la *hermenéutica del Espíritu*?

A mi juicio, la clave está en la *comprensión* de la **experiencia nueva** que genera una nueva **racionalidad** (o explicación lógica), es decir, en la lectura apropiada *del carisma del Espíritu*, así como en el uso consecuente de un nuevo instrumental de *comprensión*[24] que llamamos provisionalmente **Hermenéutica del Espíritu** (HDE).

---

[23] Wilhelm Pöll, *Psicología de la Religión*. Barcelona: Herder, 1967: 368-474.
[24] Como han notado sobre todo G. W. F. Hegel y G. Dilthey, y después de él Edmund Husserl, Jürgen Habermas y H-G. Gadamer, la "comprensión" es el camino preferencial para el desarrollo de las *ciencias del espíritu*, entendida esta última como ciencias del hombre (psicología) y ciencias de la cultura, entre las que se destaca la hermenéutica.

Pablo Rodríguez-Grandjean explicando el lugar que otorga Gadamer a la experiencia, dice:

> En el análisis de la estructura de la experiencia es donde comienza a percibirse el carácter ontológico de la hermenéutica. No es que la experiencia constituya el carácter ontológico de la hermenéutica, sino que es el punto del que parte esa constitución [25].

En la perspectiva americana, la experiencia de pobreza, sufrimiento, soledad, exclusión, migración, victimización por la violencia de todo tipo, etc., son como la condición desde donde buscamos un sentido espiritual a esas realidades. Por un lado, para superar la angustia (sublimación) y otro para reformularla como una *orthopatía*, es decir, convirtiendo lo malo del sufrimiento en un sufrimiento redentor o liberador. En opinión de Samuel Solivan, el **orthopathos**[26] es la manera cómo convertimos el sufrimiento en liberación y el conocimiento en práctica.

Para ilustrar concretamente el lugar de la experiencia en una HDE, en la tercera parte me referiré a tres experiencias conocidas que han merecido interpretaciones encontradas o diversas: el movimiento pentecostal y carismático; el movimiento de sanidad interior, "guerra" espiritual y liberación; y la interpretación profética de sueños, visiones y mensajes revelados. Pero avancemos un paso más antes de adentrarnos en las bases bíblicas de una *hermenéutica del Espíritu*.

Hablemos de las "inteligencias múltiples" y entre ellas de la *inteligencia espiritual*.

Cf. Francisco Romero-Eugenio Pucciarelli, *Lógica*. Bs.As. Espasa-Calpe Argentina, 1952: 190-217.

[25] Pablo Rodríguez-Grandjean, *Experiencia, tradición, historicidad en Gadamer* en: www.cepalforja.org/sistem/documentos/decisio28_saber8.pdf

[26] Samuel Solivan, *The Spirit, Pathos and Liberation. Toward an Hispanic Pentecostal Theology,* England: 1998: 61-69

CAPÍTULO 3
¿INTELIGENCIA ESPIRITUAL?

1. Subjetividad y Objetividad

Si aplicamos nuestra teoría a la lectura y comprensión de la Biblia a partir de una nueva *experiencia* del Espíritu, lo que sucede es un proceso cognoscitivo que llamamos técnicamente **eiségesis**. Se trata del proceso hermenéutico o interpretativo que denominamos *eisegético* en un sentido positivo, pues todo intérprete de manera inconsciente "introduce" en la comprensión del texto bíblico cuestiones y planeamientos contemporáneos que no siempre las planteó el hagiógrafo o escritor sagrado.

Es el aspecto *subjetivo* de la interpretación de la cual no nos podemos librar, pero sí debemos controlar. En buena cuenta, es nuestra vivencia lo que nos permite aproximarnos al texto y encontrar en él "sentidos" que, desde otras experiencias, o de la ausencia de ellas, no se visualizarían.

No obstante, lo dicho, la *eiségesis* tiene también un sentido negativo cuando pretende hacer decir al texto lo que el texto no quiso decir. Esto es deplorable en la interpretación bíblica. Una eiségesis sin exégesis conduce al error y a una peligrosa e irracional arbitrariedad.

La **exégesis**, por el contrario, es el proceso de extraer el sentido de un texto, considerando las preguntas frecuentes: ¿Quién escribió este texto, a quiénes? ¿cuándo, dónde, cómo, por qué, y en qué circunstancias?

No obstante, una pura exégesis, sin una experiencia que la motive, es simplemente una lectura técnica, como hecha por una máquina o un literato bien informado. Una lectura sin sentido específico para el intérprete. El estudio científico de la Biblia es necesario, pero no es suficiente. Necesitamos interpretar con el Espíritu para encontrar su sentido profundo e inmediato para nosotros.

1. Criterios de juicio y de verdad (Paradigmas)

En la teología un paradigma es «modelo de interpretación», modelo de conocimiento, o como modelo fundamental, algo así como un «macro modelo» [27] Pero un modelo toma tiempo en configurarse. Lo más inmediato que podemos reconocer, son las tendencias. Es decir, un conjunto de realidades y prácticas permanentes pueden ser considerados como *"mega tendencias"* y ser, al mismo tiempo, elementos materiales para la figuración y reconfiguración de los paradigmas [28], siempre que cumplan los requisitos señalados por Thomas S. Kuhn.

De acuerdo con Karl Popper [29] y T. S. Kuhn [30], quien introdujo este concepto en la discusión teórica de la ciencia en su libro *La Estructura de las Revoluciones Científicas*, 1962, el paradigma incluye ***«toda una constelación de convicciones, valores, modos de comportamiento, compartidos por los miembros de una determinada comunidad»*** En

---

27 Hans Küng, "Cambios de modelo de Iglesia en la marcha del pueblo de Dios" (publicado originalmente en la Revista Éxodo, Madrid, 1986) en: *Revista Electrónica Latinoamericana de Teología* (RELaT) Nro. 265, http://servicioskoinonia.org/biblico [descargado el 18 enero 2012] Hans Küng ha desarrollado estos paradigmas en su libro *El Cristianismo. Esencia e Historia*. (Madrid: Editorial Trotta, 1997) 77-793
28 Las *mega tendencias* son considerables cambios sociales, políticos, económicos y tecnológicos que influyen en períodos más largos (10 o más años). Algunos ejemplos pueden ser: sociedad industrial a una sociedad de la información, economía global, renacimiento de las artes, renacimiento religioso, alta calidad, alta tecnología, entre otros.
29 Karl Popper, *La lógica de la investigación científica*. (Editorial Technos. 1985)
30 T. S. Kuhn, *Kuhn, Thomas S. La estructura de las revoluciones científicas*. España: *Fondo de Cultura Económica de España, 2005:* 186; "Thomas S. Khun", *International Encyclopedia of Unified Science* Vol. II, No. 2 USA 1962, 1970 The University of Chicago), 43-51.

consecuencia, los miembros de esa comunidad dirigen su conducta y juzgan la realidad de acuerdo con esos parámetros o paradigmas.

En la vida religiosa, los paradigmas como criterios de juicio y de verdad históricos, cambian a raíz de *experiencias nuevas*, operando como *nuevas racionalidades* para explicar la experiencia novedosa de lo «sobrenatural». Al cambiar los *antecedentes*, los *consecuentes* son entonces percibidos como de una naturaleza diferente. En nuestro caso, una serie de teorías y prácticas eclesiales que se mantienen en el tiempo podrían configurar a futuro un modelo o un paradigma, más allá si lo comparten o no con otros grupos religiosos

Los avivamientos que generan cambios en las estructuras denominacionales, provocan también cambios en los paradigmas del conocimiento.

En el caso de la interpretación bíblica, las nuevas experiencias individuales o colectivas son las que enriquecen el *sentido* del texto y lo hacen *polisémico* (es decir, con muchos sentidos). Eso quiere decir que, a la luz de nuevas experiencias, los intérpretes encuentran en los textos bíblicos nuevos sentidos que no estaban claros en una lectura anterior.

Una lectura de la Biblia y de los acontecimientos históricos a la luz de la experiencia en el Espíritu, produce nuevos sentidos para la vida.

LOS DIVERSOS SENTIDOS EN LA INTERPRETACION

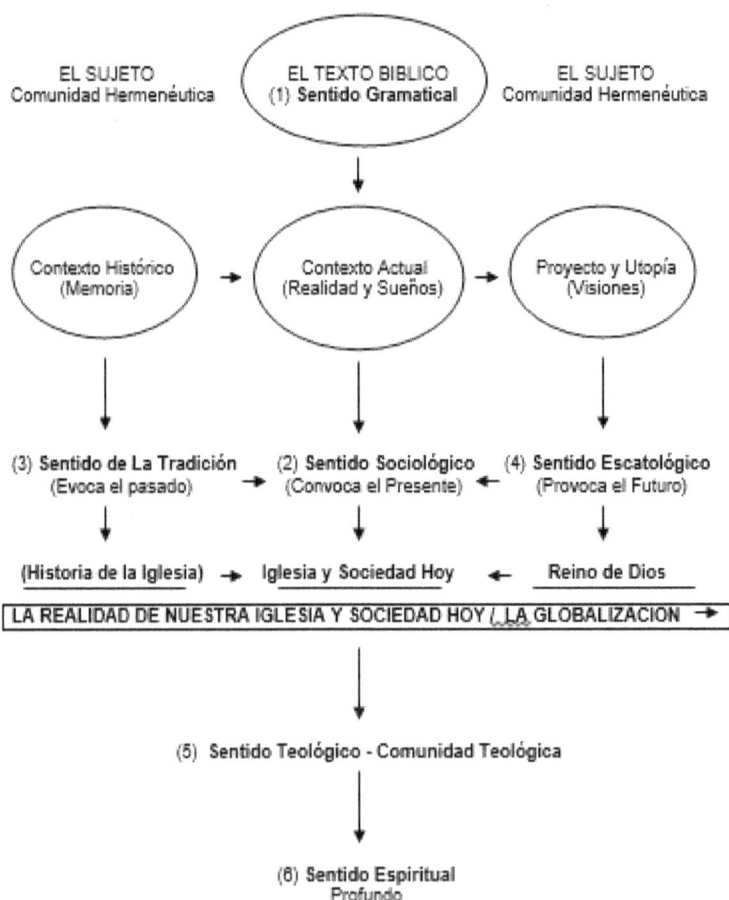

EL SUJETO
Comunidad Hermenéutica

EL TEXTO BIBLICO
(1) **Sentido Gramatical**

EL SUJETO
Comunidad Hermenéutica

Contexto Histórico
(Memoria)
→
Contexto Actual
(Realidad y Sueños)
→
Proyecto y Utopía
(Visiones)

(3) **Sentido de La Tradición**
(Evoca el pasado)
→
(2) **Sentido Sociológico**
(Convoca el Presente)
←
(4) **Sentido Escatológico**
(Provoca el Futuro)

(Historia de la Iglesia) → Iglesia y Sociedad Hoy ← Reino de Dios

LA REALIDAD DE NUESTRA IGLESIA Y SOCIEDAD HOY / LA GLOBALIZACION →

(5) **Sentido Teológico - Comunidad Teológica**

(6) **Sentido Espiritual**
Profundo

A esto le llaman hoy muchos intérpretes, un *rhema*, es decir una palabra de Dios en las Escrituras que adquiere un nuevo sentido en nuestra vida y que, al apropiárnosla, se hace carne en nosotros produciendo nuevos conocimientos y nuevas prácticas.

2. *Inteligencia espiritual*

La explicación de la *lógica espiritual* como "inteligencia" espiritual no es posible con los estándares tradicionales de interpretación, por lo que se hace necesario un instrumental distinto. No prestar atención a este condicionamiento de la experiencia, induce a confusiones semánticas y también pragmáticas. Tal vez sea esta la razón de una cantidad de malos entendidos entre las diferentes denominaciones evangélicas acerca de las espiritualidades y su diversidad.

Fue el investigador Howard Gardner y un grupo de académicos de la Universidad de Harvard quienes, en el año de 1967, empezaron a desarrollar una visión plural de la inteligencia a través del Proyecto Zero. Gardner desarrolló así su teoría de las *inteligencias múltiples* reconociendo diversas facetas de la manera de conocer, así como potenciales y estilos de conocer en las personas. Las ocho inteligencias de Gardner son:

1) inteligencia lógico-matemática,

2) inteligencia lingüística,

3) inteligencia musical,

4) inteligencia corporal,

5) inteligencia espacial,

6) inteligencia interpersonal,

7) inteligencia intrapersonal, e,

8) inteligencia naturalista

La teoría de las *inteligencias múltiples* abrió el camino para seguir investigando más acerca de la inteligencia como el trabajo desarrollado por Daniel Goleman sobre "*inteligencia emocional*".

Según Goleman, la inteligencia emocional es mejor para predecir el éxito futuro en la vida social y profesional de los estudiantes, ya que la inteligencia lógico-matemática no va más allá del éxito escolar.

La *inteligencia emocional* es la capacidad de mantener la calma y dominar la impulsividad, la capacidad de motivarnos a nosotros mismos, de perseverar en el empeño a pesar de las posibles frustraciones, de diferir las gratificaciones, de regular nuestros propios estados de ánimo, de evitar que la angustia interfiera con nuestras facultades racionales y la capacidad de empatizar y confiar en los demás[31]. En una palabra, *dominio propio*.

Fue el apóstol Pablo quien en su carta a los Colosenses 1: 9-10 ora pidiendo *inteligencia espiritual* y la describe como *la capacidad dada por Dios para vivir plenamente en congruencia con la fe cristiana*. Dice:

> *"...desde el día que lo oímos [a Epafras], no cesamos de orar por vosotros, y de pedir que seáis llenos del conocimiento de su voluntad en toda **sabiduría** e **inteligencia espiritual**, para que andéis como es digno del Señor, agradándole en todo, llevando fruto en toda buena obra, y creciendo en el conocimiento de Dios..."* (Col 1.9-10)

La *inteligencia espiritual* se ocupa del sentido de trascendencia y está basada en la sabiduría, nuestra capacidad de visión holística (total) de la realidad profunda, de comprensión de contextos y totalidades significativas.

Es la capacidad de trascendencia, de ir más allá de lo biofísico y social, más allá del cuerpo y las emociones. Opera, por así decirlo, con el ojo espiritual (visión en el espíritu). Es una inteligencia transpersonal porque se sitúa más allá del ego individual narcisista. Opera con visión universal. Es trans racional, en el sentido que no se limita a la racionalidad instrumental mecánica de la ciencia. Es la única que puede *darle*

---

[31] Daniel Goleman, *La inteligencia emocional.* Barcelona: Editorial Kairós, 1996:19

sentido espiritual a la vida, es decir, generar sentido trascendente para vivir y alimentar la integridad de nuestra conciencia.

Las otras inteligencias de niveles inferiores (la racional y emocional) no pueden hacer esto.

Para Danah Zohar y Ian Marshall la *Inteligencia Espiritual* es la inteligencia *primordial*; es la inteligencia que nos permite afrontar y resolver problemas de significados y valores, ver nuestra vida en un contexto más amplio y significativo y al mismo tiempo determinar qué acción o camino es más valioso para nuestra vida. Consideran que la inteligencia espiritual está en todo nuestro Ser, como una totalidad trabajando de manera armónica con la inteligencia *racional* y la inteligencia *emocional* [32]

La inteligencia espiritual es por eso la capacidad de relacionarnos armónicamente con la totalidad, de estar relacionados con el todo. Es la capacidad de ser felices a pesar de las circunstancias, porque se mueve en una lógica distinta, la lógica de la fe, la esperanza y el amor.

Según Robert Emmons [33], aquellos que tienen inteligencia espiritual poseen ciertas capacidades, como la capacidad de trascendencia, la capacidad de experimentar estados elevados de conciencia (discernimiento), la capacidad de encontrar el sentido de lo sagrado en las actividades diarias (milagros), la capacidad de usar los recursos de la espiritualidad para resolver los problemas prácticos de la vida (fe), y la capacidad de comprometerse en llevar una vida virtuosa expresada en el perdón, la gratitud, la humildad, la compasión y la sabiduría.

En lo que sigue, veremos cómo la revelación del Mesías en el Nuevo Testamento y sus consecuentes actos relacionados, han sido posibles gracias a una *Hermenéutica del Espíritu* como inteligencia espiritual.

---

[32] Zohar, Danah y Marshall, Ian *Inteligencia Espiritual, la inteligencia que permite ser creativo, tener valores y fe*. Ed. Random House Mondadori. Barcelona (2002)

[33] Emmons, Robert A. (2004). *Spiritual Intelligence* en: Definitions. http://mind wise.com.au/spiritual_intelligence.shtml

Es esa facultad del Espíritu de Dios en los regenerados que hace posible *ver,* tanto en la realidad natural como en la espiritual, una "sobrenaturalidad", o tal vez mejor, una *trascendencia* que los lleva a otros niveles de entendimiento.

Se trata de una "inteligencia" que es construida y que opera, como dijimos anteriormente, desde la *lógica de la fe* por el Espíritu de Dios. Una operación en el Espíritu, como *criterio* y como discernimiento en la HDE.

II PARTE

SUSTENTO BIBLICO
PARA UNA HERMENEUTICA
DEL ESPÍRITU

CAPITULO 4
EL RECONOCIMIENTO DEL MESÍAS
OBJETO MATERIAL DE UNA HDE

1. Conocimiento espiritual

Cuando en la Biblia se habla de **discernimiento** por lo general se refiere al **reconocimiento** del Mesías. Se trata de una **revelación**, es decir un *desvelamiento*, [acto de correr el velo] para *reconocer* entre nosotros al ungido de Dios (Mt. 16: 17). Así, en el pequeño apocalipsis de Mc 13 [34] se advierte que el retorno del Mesías y el discernimiento de quiénes son los Falsos Mesías, sólo puede ser reconocido por una HDE.

En **Mateo 16.13-17ss**, Pedro (y el círculo de los discípulos incluido) por la Revelación de Dios identifica a Jesús como el Mesías.

Según **Mateo 4**, Satanás hace uso de una *cuasi* HDE con perversas intenciones: hacer que Jesús incumpla su misión tras someterse a los poderes de este mundo y negarse al sacrificio de la cruz.

Marcos 13.32-37 invita a "velar y orar" para *reconocer* el tiempo de su venida, aduciendo que tal *reconocimiento* sólo será posible mediante una HDE.

En el Getsemaní Jesús, por el Espíritu, *entiende* que debe someter su voluntad a la del Padre (**Marc. 14.38**).

En el clásico pasaje de la **unción** para la misión o programa mesiánico (Lucas 4.18), Jesús exclama:

---

[34] Sigmund Mowinckel, **El que ha de venir: Mesianismo y Mesías**. Madrid: FAX, 1975:180

41

*"el Espíritu del Señor está sobre mí por cuanto **me ha ungido** para predicar las buenas nuevas a los pobres..."*

Culmina diciendo:

*"**Hoy se ha cumplido** esta Escritura delante de vos-otros" (4. 21).*

2. Actualización concreta y vital del sentido de la Escritura

En este último pasaje es claro que se dio una HDE, es decir, una *actualización concreta* y *vital* del sentido de la Escritura para *revelar* al Mesías.

Según **Juan 1.19-51**, mediante una HDE, Juan el Bautista pudo entender que él era esa *"voz que clama en el desierto y prepara el camino del Señor"* (vv.23). Por la HDE pudo ver en Jesús no a su primo, el hijo del carpintero, sino al *"Cordero de Dios que quita el pecado del mundo"* (v.29)

Por la *hermenéutica del Espíritu* los discípulos de Juan pudieron ver en Jesús al Mesías, el Hijo de Dios, el Maestro, el Rey de Israel. Por el poder del Espíritu y al ver a Jesús ungido por el Espíritu, Juan el Bautista pudo incluso entender su misión (y su bautismo) y encontrar sentido a sus acciones preparatorias para el Mesías.

En **Lucas 19.41-44** cuando Jesús lamenta: ¡Jerusalén, Jerusalén que matas a los profetas...! declara proféticamente la destrucción de Jerusalén *"**por cuanto no conocisteis el tiempo de tu visitación**"*.

¿Cómo habría sido posible reconocer humanamente en el hijo del carpintero José, al Mesías venidero, a no ser por una HDE? Los judíos no comprendieron ni pudieron percibir *el tiempo de su visitación* precisamente porque no tuvieron la experiencia de una HDE. Operando desde una inteligencia *racional* y *emocional* era virtualmente imposible reconocer en Jesús al mesías.

A los caminantes de Emaús (Lc. 24) les son abiertos sus ojos únicamente después que Jesús resucitado les mostrara el sentido de Las Escrituras. A partir de entonces *reconocen* a Jesús como el Cristo Resucitado. Ya no más como un forastero, sino como aquel que está cercano a ellos. Como alguien con quien es posible compartir el pan de cada día y entrar en comunión con él.

El *Paracletos* que habla de Cristo (Juan 14) es el **agente** de una HDE.

Según **Juan 20** el apóstol Juan entró la primera vez al sepulcro y no vio nada; luego otra vez entró al sepulcro, y recién entonces pudo *entender* en una dimensión más profunda la ausencia del cuerpo de Jesús. *"Porque hasta entonces los discípulos no habían entendido el significado la resurrección"* (20:9). La estructura del discurso allí parece sugerir semióticamente que es necesaria una experiencia nueva para comprender aquello que estaba allí siempre, pero no se entendía. Es la experiencia de María magdalena con el resucitado, porque «no se puede buscar entre los muertos al que vive».

Queda claro en este texto que los discípulos de Jesús sólo pudieron comprender el sentido de la resurrección, sino hasta *después de* la resurrección, tras una *unción* del Espíritu que es *post* pascual (20:.22).

En las mujeres que siguen a Jesús en el camino, se manifiesta una HDE, porque son ellas las que primero ven al resucitado (Jn. 20.1, 14) y pueden, como la samaritana –después de hablar con Jesús, la fuente de agua viva—reconocer en él al Cristo, el Mesías, al cual hay que adorar «en espíritu y en verdad» (Jn. 4.26) y del cual podemos testificar tras una experiencia transformadora.

Finalmente, observamos que el «**espíritu mesiánico**» estuvo presente en los profetas de la antigüedad, inquiriendo el tiempo de su *manifestación* (1 Pe 1.10-12).

> *"Los profetas que profetizaron de la gracia destinada a vosotros, **inquirieron** y diligentemente **indagaron** acerca de esta salvación, **escudriñando** qué persona y qué tiempo indicaba el*

*Espíritu de Cristo que estaba en ellos, el cual anunciaba de antemano los sufrimientos de Cristo, y las glorias que vendrían tras ellos. A éstos se les reveló que no para sí mismos, sino para nosotros, administraban las cosas que ahora os son anunciadas por los que os han predicado el evangelio **por el Espíritu Santo** enviado del cielo; cosas en las cuales anhelan mirar los ángeles"* (1 Pe 1.10-13)

Una HDE inquiere *por el Espíritu* la manifestación oportuna (el Kairós) de Cristo en la historia (cronos) de los hombres.

En todos los casos mencionados, fue la unción mesiánica, el espíritu de Cristo *en* los intérpretes, lo que les permitió reconocer a Jesús como el Mesías, el que había de venir.

En **1 Corintios 2:4.14** el apóstol Pablo señala que hablamos sabiduría por el Espíritu.

> *"Ni mi palabra ni mi predicación fue con palabras persuasivas de humana sabiduría, sino con **demostración del Espíritu y de poder**, para que vuestra fe no esté fundada en la sabiduría de los hombres, sino en el poder de Dios. Sin embargo, **hablamos sabiduría entre los que han alcanzado madurez**; y sabiduría, no de este siglo, ni de los príncipes de este siglo, que perecen. Mas **hablamos sabiduría de Dios en misterio, la sabiduría oculta, la cual Dios predestinó antes de los siglos para nuestra gloria**, la que ninguno de los príncipes de este siglo conoció"* (1 Cor 2:4-8)

Luego añade:

> *Cosas que ojo no vio, ni oído oyó, ni han subido en corazón de hombre, son las que Dios ha preparado para los que le aman. **Pero Dios nos las reveló a nosotros por el Espíritu; porque el Espíritu todo lo escudriña, aun lo profundo de Dios.** Porque ¿quién de los hombres sabe las cosas del hombre, sino el espíritu del hombre que está en él? Así tampoco **nadie conoció las cosas de Dios, sino el Espíritu de Dios.** Y nosotros no hemos*

*recibido el espíritu del mundo, sino el Espíritu que proviene de Dios, para que sepamos lo que Dios nos ha concedido, lo cual también hablamos, no con palabras enseñadas por sabiduría humana, sino **con las que enseña el Espíritu**, acomodando lo espiritual a lo espiritual. Pero el **hombre natural** no percibe las cosas que son del Espíritu de Dios, porque para él son locura, y no las puede entender, porque **se han de discernir espiritual- mente**.* (1 Cor 2.9-14)

El texto es sumamente claro respecto de la revelación para los que hemos recibido el Espíritu que proviene de Dios. Podemos acomodar lo espiritual a lo espiritual. Como espirituales, nosotros juzgamos todas las cosas; y no somos juzgados por nadie.

Nosotros *tenemos la mente de Cristo* que nos permite conocer la mente del Señor. (vv. 15-16).

CAPITULO 5
LA HDE NOS LIBRA DEL
«ESPÍRITU DE ERROR»

1. Necesidad de discernimiento

El concepto *"discernimiento"* viene de la palabra griega "*krino*" significa "separar completamente", "seleccionar", "decirdir", "juzgar", "evaluar", también "explicar"[35]. *Diakrisis* (discernimiento) en el NT se usa en sentido de "diferenciación" entre espíritus (1 Cor 12.10) y entre el bien y el mal (Heb 5.14)[36]

Si tomamos estas referencias podríamos definir el don del discernimiento de espíritus como la capacidad sobrenatural que Dios da a los cristianos para analizar de una manera minuciosa las intenciones de los espíritus humanos para saber si son de Dios, o si proceden del diablo.

De acuerdo con 1 Juan 4.1-6 debemos probar los espíritus ya que muchos falsos profetas podrán presentarse e introducir engaños.

El discernimiento de espíritus se relaciona mucho con la capacidad de analizar con detalles las palabras empleadas por quienes hablan de las cosas de Dios o para distinguir entre la verdad y la mentira[37], como en

---

[35] F. Buchsel "&⃝☐)(■◆" [III: 921-923] en: Kittel, Gerhard – Friedrich, Gerhard y Bromiley, Geoffrey W. *Compendio del Diccionario Teológico del Nuevo Testamento*. Colombia: Libros Desafío, 2002: 460

[36] *Ibid*: 465

[37] Sobre el discernimiento espiritual del caso de Ananías y Safira, véase David Mesquiati de Oliveira, *Eis-me aquí, Sehnor. Disponibilidade como chave missionária*. Brasil: Editora Sinodal-CLAI, 2014: 16-22

el caso de Ananías y Safira (Hch. 5). Según las palabras griegas, discernir es la habilidad de distinguir o separar con el fin de investigar y examinar exhaustivamente.

El discernimiento es considerado un rasgo de espiritualidad y madurez (1 Co. 2:14,15). El escritor de la epístola a los hebreos explica que las personas maduras «*por el uso, tienen los sentidos ejercitados en el **discernimiento** del bien y del mal*».

En otras palabras, es una habilidad que uno puede aprender ejercitándola diariamente, pero es un *don de Dios*. El discernimiento es **por** el Espíritu, pero se alimenta de la Palabra de Dios.

2. Discernimiento de espíritus

1 Juan 2, 18, 20 muestra que es necesario un «discernimiento de espíritus» (esto es una HDE) para *reconocer* al Anticristo Cf. 1 Cor 12, 10. Toda HDE orienta hacia el Mesías venidero y descubre la falsedad.

Pablo se refiere a una HDE cuando señala que los cristianos no estamos en tinieblas para que el día de la venida de Cristo (el Mesías) nos sorprenda como ladrón (1 Tes 5.1-7). Dice, además:

> *"No os conturbéis ni por espíritu ni por palabra, nadie os engañe, cuando se manifieste el hombre de pecado, el hijo de perdición, el inicuo, el misterio de la iniquidad (2 Tes 2.2).*

También advierte que seremos librados del engaño de las falsas doctrinas o doctrinas del error (1 Tim 4.1-3).

> *"Pero el Espíritu dice claramente que en los postreros tiempos **algunos apostatarán de la fe, es cuchando a espíritus engañadores y a doctrinas de demonios**; por la hipocresía de mentirosos que, teniendo cauterizada la conciencia, prohibirán casarse, y mandarán abstenerse de alimentos que Dios creó para que con acción de gracias participasen de ellos los creyentes y los que han conocido la verdad"* (1 Tim 4: 1-3)

En efecto, según San Pablo «*habrá tiempo cuando no sufrirán la sana doctrina*» (2 Tim 4.3-5), y para entonces requeriremos de una HDE.

Según Pedro, debemos estar prevenidos sobre la aparición de falsos profetas y falsos maestros. Detectarlos implica el ejercicio de una HDE (2 Pe. 2:1-3ss)

Por su parte Juan advierte que ante esta situación tenemos la *unción del Espíritu* para no ser engañados por el Anticristo (1 Juan 2. 18-29), es decir, que sólo una HDE puede librarnos de ser inducidos a error.

El discernimiento por el Espíritu, nos libra del error por falsas doctrinas. El pastor Rómulo Icaza, en un artículo dedicado al discernimiento, señala correctamente que hay hombres cuyo problema no consiste en que no conocen el camino recto, sino que, con maldad, engañan a la gente (2 Ti. 3:1-9). Un engaño es falsedad, algo que tiene apariencia de realidad. Pablo explica por qué es importante estar alertas:

> «*Para que ya no seamos niños fluctuantes, llevados por doquiera de todo viento de doctrina, por estratagema de hombres que para engañar emplean con astucia las artimañas del error.*» (Ef. 4:14).

Cabe destacar que, en su estrategia para lograr el engaño, emplean una «doctrina» que han desarrollado cuidadosamente. Además, son astutos y eficaces en lo que hacen. Usan mentiras para desacreditar a los líderes, tuercen las Escrituras y, como Absalón, están dispuestos, a hacerse amigos de la gente y prometerles grandes cosas. Algunos de sus fines son: ser importantes, obtener poder, conseguir dinero y otros beneficios, o buscar lo sensual. No tienen interés alguno en hacer la voluntad de Dios, aunque lo alaben con sus labios, hagan milagros en el nombre de Jesús y celebren grandes actos religiosos (2 Pe 2: 3). En su opinión, el discernimiento requiere de una base para medir si algo es correcto. Las Escrituras forman la base del discernimiento.

En efecto, cuando no hay una *base objetiva*, sino que todo es subjetivo, no hay de dónde obtener verdadera seguridad. La opinión de uno es tan válida como la de otro. Para saber si una pared es recta se debe poner una plomada, porque si sólo estimamos «al ojo» seríamos engañados. Como cristianos, únicamente podemos tener seguridad cuando hemos «medido» o examinado un asunto cuidadosamente a la luz de la Biblia, nuestra plomada [38], pero también alumbrados por la certeza que nos da el Espíritu de Dios en nuestro interior.

Es verdad lo que dice el pastor Icaza, pero para que quede completo requerimos del auxilio del Espíritu Santo, guiándonos a toda verdad, evocando en nuestro recuerdo pasajes de las Escrituras que se relacionen, y, sobre todo, dándonos un entendimiento del *sentido* de las Escrituras que conectamos con la realidad. Muy otra cosa es enfrentarnos a la locura, esquizofrenia o con personas bipolares, desviaciones sectarias, o una cantidad de patologías religiosas[39]. Muchas de las patologías se confunden con delirios religiosos[40] y se hace necesario, además de conocimiento psicológico o psiquiátrico, un discernimiento de espíritus[41]. Equilibrio necesario entre Palabra y Espíritu, Ciencia y fe.

---

[38] Rómulo Icaza *"Discernimiento: El Arte de Distinguir y Separar"* en: Desarrollo Cristiano Internacional (2003-2011,) http://www.desarrollocristiano.com/articulo.php?id=188 [Consultado el 02.03.2015]

[39] Cf. José Antonio García Vázquez, *Psicopatología y espiritualidad. Informaciones Psiquiátricas - Tercer trimestre 2007. Número 189.* County Hospital, Dirham City. 14-09-07; Freud S. *Obsessive acts, religious practices.* Reprinted (1953-1974) in the Standard Edition of the Complete Psychological Works of Sigmund Freud (trans. and ed. J. Strachey), vol. 7. London: Hogarth Press, 1907; Siddle R. *Religious Beliefs in Schizophrenia.* PhD thesis. Manchester: University of Manchester. 2000; Newberg A, Leeb. *The neuroscientific study of religious and spiritual phenomena: Or why God doesn't use the statistics.* Zygon, 2005; 40: 469-489.; Juan Vives Rocabert, *La religión como sistema delirante.* [Entrada posteada en No 16 abril 2001, Textos #16]. en: http://subjetividadycultura.org. mx/2013/04/la-religion-como-sistema-delirante/

[40] Ruben Sobrino, *La Psiquiatría de los Fenómenos Paranormales.* El Ojo Crítico. http://ojo-critico.blogspot.com/2006/06/la-psiquiatria-de-los-fenomenos.html

[41] Sobre los espíritus en la imaginación pentecostal, véase Amos Yong, *The Spirit of Creation. Modern Science and Divine Action in the Pentecostal-Charismatic Imagination.* USA-UK: William B. Eerdmans Publishing Company, 2011: 173-184ss; Amos Yong, *Discerning the Spirit(s): A Pentecostal-Charismatic Contribution to Christian Theology of Religions* (Sheffield Acdemic Press, 2000): 127-132, 294-308; Amos Yong, *Beyond the Impasse. Toward a Pneumatological Thology of Religions.* USA: Paternoster Press-Baker Aademic, 2003: 129-192.

CAPITULO 6
La unción como método para desarrollar una HDE

1. ¿Qué es la unción?

La unción, en el Antiguo Testamento, solamente reposaba sobre cierto tipo de personas específicas, tales como reyes, sacerdotes y profetas. Dios consagraba y capacitaba todos estos oficios ministeriales para su servicio y para el servicio del pueblo. La unción venía solamente por un tiempo específico y después se iba, no residía permanentemente en estas personas.

Varias palabras hebreas se usaban para describir diversos sentidos de la unción (מְשָׁחָה). Entre ellas está *Balal* cuya raíz principal significa inundar, rebosar (especialmente con aceite); *Dashen* cuya raíz significa estar gordo, estar especialmente satisfecho, y por lo tanto rebosar de unción. Otra palabra hebrea es *Mimshach* que viene de una raíz que significa untar con aceite. *Mashaj*, que significa consagrar, separar, santificar, untando con aceite. La siguiente es *Cuwk* que significa cubrir con aceite, ungir; y *Shemen*, una forma de aceite oloroso, especialmente líquido, que con frecuencia es perfume.

En la versión griega del Antiguo Testamento (LXX) se usa la palabra *aleifo* [ἀλείφω] para traducir términos hebreos que significan «ungir», «untar o frotar sobre», «derramar una ofrenda de aceite sobre», si bien *Crio* [χρίω] es una traducción más común y comporta más significación. *Encrio* habla de una *unción interna*, en tanto que *epicrio* [ℳ❑Ж χρίω] habla de una unción externa, o encima de algo.

En el NT el uso es para una unción puramente externa, aunque esto a su vez puede tener su propio significado más profundo:

1. En Mateo 6:17 la unción es *para el bienestar corporal*, con una sugerencia de gozo y de festividad que normalmente no van asociadas al ayuno "Mas tú, cuando ayunas, **unge** tu cabeza y lava tu rostro".

2. En Mateo 26:7; Lucas 7:38, es *un distintivo de honor* que se muestra a un huésped. La unción de la mujer a Jesús tiene el sentido más profundo de ungir para el entierro (cf. Mr. 16:1): *"Pasado el día de reposo, María Magdalena, María, la madre de Jacobo, y Salomé, compraron especias aromáticas para ir a **ungirle**"*

3. La unción también podía usarse *en casos de enfermedad*, medicinalmente, pero teniendo en mente un matiz espiritual de atribuir la enfermedad a una influencia demoníaca. Un caso de uso médico es en Lucas 10:34: *"y acercándose, le vendó sus heridas, derramando aceite y vino sobre ellas; y poniéndolo sobre su propia cabalgadura, lo llevó a un mesón y lo cuidó"*. En Marcos 6:13 los discípulos ungían a los enfermos, además de predicar y expulsar demonios, en su papel de heraldos del reino que estaba irrumpiendo.

*"Y echaban fuera muchos demonios, y **ungían** con aceite a muchos enfermos, y sanaban"*

En Santiago 5:14 los ancianos deben continuar este ministerio, con oración y con la promesa de curación y perdón.

*¿Está alguno enfermo entre vosotros? llame a los ancianos de la iglesia, y oren por él, **ungiéndole** con aceite en el nombre del Señor.*

En la iglesia posterior se llegó a usar la unción en el bautismo, en los exorcismos, y en casos de enfermedad, generando en

Occidente, en la Edad Media, el sacramento de la extrema unción. Ignacio (Efesios 17.1) ofrece una exégesis fantasiosa de Marcos 14:3, según la cual la unción significa "el verdadero conocimiento con el cual debemos ser **ungidos** para ser llevados a la inmortalidad" [42].

San Ignacio de Antioquía (98-117 d.C. aprox.) no deja de tener razón, sin embargo, porque con la unción viene un conocimiento del Espíritu, según 1 Juan 2.20.

*"Pero vosotros **tenéis** la unción del Santo, y **conocéis** todas las cosas"*

En el Nuevo Testamento, la unción de Dios viene de dos maneras. Cuando nacemos de nuevo, la unción de Dios reside *en* nuestro corazón y nos guía a toda verdad; y cuando viene *sobre* nosotros consagrándonos para la tarea misionera.

En su diálogo con Nicodemo y la samaritana, Jesús le llamó al nuevo nacimiento y a la unción interna, el agua que salta de una fuente para vida eterna (Juan 3-4).

> *"Respondió Jesús y le dijo: Cualquiera que bebiere de esta agua, volverá a tener sed; más el que bebiere del agua que yo le daré, no tendrá sed jamás; sino que el agua que yo le daré será en él una fuente de agua que salte para vida eterna"* (Juan 4:13, 14)

En otra ocasión Jesús habló de ríos, refiriéndose a la unción que viene cuando uno va a él en esa búsqueda.

> *"En el último y gran día de la fiesta, Jesús se puso en pie y alzó la voz, diciendo: Si alguno tiene sed, venga a mí y beba. El que cree en mí, como dice la Escritura, de su interior correrán ríos de agua viva"* (Juan 7:37, 38)

---

42 [H. Schlier, ἀλείφω [ungir] en Gerhard Kittel-Gerhard Friedrich y Geoffrey W Bromiley, *Compendio del Diccionario Teológico del Nuevo Testamento*. (Colombia: Libros Desafío, 2002) I: 229–232.

Según la 1 epístola de Juan, el propósito de la unción en nosotros es en primer lugar, enseñarnos. La **unción interna** nos enseña todas las cosas y nos libra de la mentira del mundo.

> *"Pero la **unción** que vosotros recibisteis de él permanece en vosotros, y no tenéis necesidad de que nadie os enseñe; así como **la unción misma os enseña todas las cosas**, y es verdadera, y no es mentira, según ella os ha enseñado, permaneced en él"* (1 Juan 2.27)

En segundo lugar, el propósito de la unción es guiarnos a toda verdad. Mediante el testimonio interior en nuestro espíritu, el Espíritu Santo nos guía a toda verdad.

En tercer lugar, la unción, nos ayuda a desarrollar el carácter de Cristo. La unción que está adentro de nosotros nos capacita para llevar fruto de amor, bondad, fe, mansedumbre, templanza, entre otros. No podemos desarrollar el carácter de Cristo, si no es por medio de la *unción* que está en nosotros.

El Nuevo Testamento enseña también que la unción vendrá **sobre** nosotros, desde arriba.

> *"Pero recibiréis poder, cuando haya venido **sobre** vosotros el Espíritu Santo y me seréis testigos en Jerusalén, en toda Judea, en Samaria, y hasta lo último de la tierra"* (Hechos 1.8)

Esa unción nos capacita para el desarrollo del ministerio y nos da un poder sobrenatural. Recibimos la unción especial para llevar a cabo el llamado que Dios ha puesto en nuestra vida. Cuando esta unción está sobre nosotros, entonces Dios hace maravillas a través de nuestro ministerio. Lucas señala que,

> *"Hacía Dios milagros extraordinarios por mano de Pablo, de tal manera que aún se llevaban a los enfermos los paños o delantales de su cuerpo, y las enfermedades se iban de ellos y los espíritus malos salían"* (Hechos 19.11-12)

Sin unción, nuestro ministerio será ordinario, fruto de nuestro mejor esfuerzo, pero sin la aprobación completa de Dios. Será ineficaz, sin brillo.

2. *La unción del Santo (1 Juan 2.20)*

Según manifiesta la primera epístola de Juan nosotros "tenemos la **unción** del Santo (Jesús), y [por eso] conocemos todas las cosas (1 Jn 2.20). Por definición entendemos que todos los cristianos tenemos la *iluminación* del Espíritu para comprender las Sagradas Escrituras y conocer cuál es la voluntad de Dios. En tal sentido, puedo afirmar con tranquilidad, que todos los verdaderos cristianos estamos capacitados para desarrollar una HDE y reconocer por ella la presencia de Jesús, tanto ahora en la vida presente, como en el encuentro final con él.

Como hemos visto ya, Juan nos dice que todos hemos recibido la unción del Santo para conocer todas las cosas, porque es la unción de Dios dentro de nosotros la que nos enseña.

> *"Pero vosotros tenéis **la unción del Santo,** y conocéis todas las cosas (...) Pero **la unción que vosotros recibisteis de él permanece en vosotros**, y no tenéis necesidad de que nadie os enseñe; así como **la unción misma os enseña todas las cosas, y es verdadera**, y no es mentira, según ella os ha enseñado, permaneced en él"* (1 Jn.2:20,27)

El contexto de este pasaje está encuadrado en una atmósfera de engaño y confusión a causa de los muchos anti-cristos que ya han surgido en los días de Juan. En esa situación, la unción de Dios que está dentro de nosotros *nos guía* a permanecer en la verdad, es decir en Cristo, *a reconocer su venida en carne* para realizar la redención del hombre.

Esa unción es el *testimonio interno* que tienen los hijos de Dios de pertenecer a Dios, ser propiedad suya, comprados por el precio de la sangre de Jesús, y ese testimonio es firme a través de la obra del Espíritu

Santo. Por ello, podemos concluir que, al hablar de la *unción*, estamos hablando de la obra del Espíritu de Dios en la vida del creyente, que lo capacita o empodera para la misión en la línea del Mesías.

El Espíritu de Dios es mucho más que una teología encuadrada en unos *parámetros* doctrinales. Es una Persona, el actor principal en la vida de los creyentes de la iglesia primitiva y de las siguientes generaciones. Es quién glorifica a Jesús. No habla de sí mismo, sino que revela a Cristo. Jesucristo dijo a sus discípulos:

> *"Aún tengo muchas cosas que deciros, pero ahora no las podéis sobrellevar. Pero* **cuando venga el Espíritu de verdad, él os guiará a toda la verdad**; *porque no hablará por su propia cuenta, sino que hablará todo lo que oyere, y os hará saber las cosas que habrán de venir. El me glorificará; porque* **tomará de lo mío, y os lo hará saber**. *Todo lo que tiene el Padre es mío; por eso dije que tomará de lo mío, y os lo hará saber"* (Jn. 16.12-14)

3. Falsificaciones e imitaciones de la unción

En nuestro deseo por buscar la unción de Dios podemos caer en desequilibrios y manipulaciones que nos conducirán al error. Algunos predicadores son tan osados que ofrecen **su** unción, como una mercancía o como el sello de su apostolado. Invitan a venir al altar para ser ministrados por ellos y así recibir una manifestación extraordinaria.

Pero no solo ellos, sino también los mismos fieles, andan buscando a los "**ungidos** de Dios" para que los "ministren", les impongan sus manos y les declaren destino. En el fondo no quieren pagar el precio para conseguir esa unción. Se requiere buscar a Dios en oración y ayuno, en fidelidad a su Palabra.

En cierto modo la actitud de estos creyentes es comprensible, porque denota una sed de Dios, de la acción del Espíritu Santo en sus vidas.

Sin embargo, aunque no es reprochable, debemos saber que la unción viene de Dios y hay que pedírselo a él.

> *"Y yo os digo: Pedid, y se os dará; buscad, y hallaréis; llamad, y se os abrirá. Porque to do aquel que pide, recibe; y el que busca, halla; y al que llama, se le abrirá. ¿Qué padre de vosotros, si su hijo le pide pan, le dará una piedra? ¿O si pescado, en lugar de pescado, le dará una serpiente? ¿O si le pide un huevo, le dará un escorpión? Pues si vosotros, siendo malos, sabéis dar buenas dádivas a vuestros hijos, ¿cuánto más vuestro Padre celestial dará el Espíritu Santo a los que se lo pidan?"* (Lc 11.9-13)

La unción solo es transferible en aquellos que mantienen una relación de padre a hijo (espiritual o ministerial). En el Antiguo Testamento, ese fue el caso de Elías que impartió su manto a Eliseo. Por años le había servido, y solo al final de su vida, Elías le pasó su manto. En aquella época los hijos tenían derecho a una doble porción de la herencia del padre. Pero eso fue una gracia y no tuvo que comprar la unción.

En el Nuevo Testamento, Simón el mago, al ver que por la *imposición de manos* de los apóstoles se transmitía el Espíritu Santo, quiso comprar ese poder, de esa forma se reveló lo que había en su corazón: Un deseo de aprovechar de un tirón el don de Dios, un oportunismo para ampliar su negocio y seguir impresionando a las masas. Aparentemente se había convertido, también se había bautizado, estaba con Felipe maravillándose de las obras de gracia que operaban en su vida, y cuando vio que se transmitía el Espíritu Santo a través de Pedro y Juan, quiso comprar el don de Dios.

El apóstol Pedro tuvo *discernimiento* para desenmascarar la maldad de su corazón. Lucas lo cuenta así:

> *"Cuando vio Simón que por la imposición de las manos de los apóstoles se daba el Espíritu Santo, les ofreció dinero, diciendo: **Dadme también a mí este poder, para que cualquiera a quien yo impusiere las manos reciba el Espíritu Santo.** Entonces Pedro le dijo: Tu dinero perezca contigo, porque has pensado que*

el don de Dios se obtiene con dinero. No tienes tú parte ni suerte en este asunto, porque tu corazón no es recto delante de Dios. Arrepiéntete, pues, de esta tu maldad, y ruega a Dios, si quizá te sea perdonado el pensamiento de tu corazón; porque en hiel de amargura y en prisión de maldad veo que estás. Respondiendo entonces Simón, dijo: Rogad vosotros por mí al Señor, para que de esto que habéis dicho venga sobre mí" (Hechos, 8. 18-24).

Si uno no busca fundamentarse en las Sagradas Escrituras, la *vida en el Espíritu* por sí sola es un terreno resbaladizo. Hay falsificaciones y encantamientos del diablo. Es atractiva y son fáciles de confundir los motivos que nos mueven a ella.

En la ansiedad por tener manifestaciones en nuestros cultos y querer que ocurran cosas espectaculares que impresionen a los incrédulos, podemos forzar la acción del Espíritu, y abrir puertas para otros espíritus.

Podemos producir experiencias extrasensoriales y confundirlas con la obra del Espíritu. O tal vez queramos imitar la unción de otros, producir sus resultados y colocarnos el cartel de portadores del avivamiento. Debemos tener mucho cuidado. Busquemos la unción del Espíritu con humildad y dejemos que Dios obre poderosamente en nuestras vids.

A continuación, permítame ilustrar mi propuesta de una hermenéutica del Espíritu con tres pasajes. Son tres núcleos de sentido bíblicos para comprender el método de una HDE. Me refiero a Lc 4:18ss; Lc 24; y Hechos 2:1-14-39.

CAPITULO 7
EL PROGRAMA MESIÁNICO DE JESÚS
(LUCAS 4:18SS)

1. La unción del Espíritu en Jesús (Lucas 4:18)

La unción del Espíritu sobre Jesús no sólo le permitió comprender el alcance de su misión redentora, sino también experimentar una *actualización concreta* del sentido de Isaías 61.

> *"El Espíritu del Señor está sobre mí, Por cuanto me ha ungido para dar buenas nuevas a los pobres; Me ha enviado a sanar a los quebrantados de corazón; A pregonar libertad a los cautivos, Y vista a los ciegos; A poner en libertad a los oprimidos; A predicar el año agradable del Señor"* (Lc 4.18)

Luego de leer esta escritura, comenzó a decirles:

> **"Hoy** *se ha cumplido esta Escritura delante de vosotros. Y todos daban buen testimonio de él, y estaban maravilla-dos de las palabras de gracia que salían de su boca"* (Lc 4.21-22)

Se trata aquí de una *hermenéutica fundante* que permite redimensionar el sentido escritural desde un contexto nuevo (en la sinagoga). En otras palabras, permite discernir, por acción del Espíritu de Dios, un sentido profundo (un *sensus plenior*) en las Escrituras y **ver** en la historia cotidiana un **plus**.

Allí donde el común de los mortales sólo puede ver tal vez un cambio de época, una trasformación religiosa o una corriente de moda, el hijo de Dios puede ver un cumplimiento profético.

2. Actualización vital y concreta

La HDE no es sólo la "inteligencia de la fe" (*intellectus fidei*), en sentido de comprensión racional. Es también y sobre todo una **actualización** vital y concreta, una praxis, y una **prolongación** del evento suscitado por el mensaje del texto bíblico que se hace carne en la experiencia religiosa cotidiana, tras un encuentro **actual** con el resucitado.

Chiquete, siguiendo a J. Sobrino, señala que la teología pentecostal (en tanto hermenéutica) no se ha caracterizado por ser un *intellectus fides*, sino más bien un *"intellectus amoris et misericordiae"* (inteligencia de mor y misericordia) como un saber de Dios [43]

En el programa mesiánico de Jesús descrito por Lucas, Jesús manifiesta que el Espíritu está *sobre* él.

La predicción de Isaías que ahora se cumple en presencia de todos, es el programa mesiánico de Jesús. No lo ha elegido él mismo, sino que le ha sido prefijado por Dios. Él es enviado por Dios. Por medio de él visita Dios mismo a los hombres. Hoy ha tenido lugar la visita salvadora, que no se debe desperdiciar.

Jesús actúa de palabra y de obra, enseñando, predicando y sanando. El tiempo de gracia ha empezado para los pobres, los cautivos y los oprimidos. Jesús es el salvador de estos oprimidos. El gran presente que hace Jesús es la libertad: liberación de la ceguera del cuerpo y del espíritu, liberación de la pobreza y de la servidumbre, liberación del pecado y de las deudas. Su interpretación de Isaías 61 (Lucas 4) es una interpretación vital. Es una palabra de Dios que se hace carne en Jesús.

En tanto mora Jesús en la tierra, dura el apacible y suspirado «año de gracia del Señor», o año del Jubileo, pero se realiza también en nuestras vidas en momentos oportunos. El término «jubileo» tiene dos raíces, una hebrea y otra latina. La palabra hebrea que aparece en la Biblia es **yobel**, que hace referencia al cuerno del cordero utilizado como

---

[43] Daniel Chiquete, *Haciendo Camino al andar: Siete ensayos de Teología Pentecostal*. Costa Rica: Lara Segura & Asoc. 2007: 30-32

instrumento sonoro que servía para anunciar un año excepcional dedicado a Dios. Ese año se denominaba yobel, es decir, jubileo, pues se iniciaba con el sonido del yobel o cuerno. La palabra latina, *iubilum* se deriva del verbo *iubilare*, y hace referencia a los gritos de alegría de los pastores[44]. Significa alegría, gozo o alabanza.

> *«Santificaréis el año cincuenta, y pregonaréis la libertad por toda la tierra para todos los habitantes de ella. Será para vosotros **jubileo**, y cada uno de vosotros recobrará su propiedad, que volverá a su familia»* (Lv. 25:10)

Ese día sábado, durante la visita a la sinagoga la gente tenía sus ojos puestos en Jesús. Es el centro de la historia, la más grande de las grandes gestas de Dios. En el gozo y en el esplendor de este año queda sumergido lo que Isaías había dicho también sobre este año:

> *«Para publicar el año de perdón de Yahveh y el día de la venganza de nuestro Dios»* (Is. 61:2).

El Mesías es, ante todo y por encima de todo, el que imparte la salvación, y no el juez que condena. Él ha dado cumplimiento a la profecía de Isaías y ha interpretado vitalmente esa Escritura. En la persona de Jesús se da una hermenéutica del Espíritu.

---

[44] Gamaliel Lugo (editor), ***Jubileo La Fiesta del Espíritu. Identidad y Misión del Pentecostalismo Latinoamericano***. Maracaibo Venezuela-Quito, Ecuador: CLAI, 1999.

CAPÍTULO 8
La HDE en los Caminantes de Emaús
(Lucas 24)

1. La inteligencia velada

En el pasaje de **Lucas 24** vemos cómo los caminantes de Emaús aun cuando hablan con Jesús, están como cegados para **no ver** más allá del forastero que camina al lado de ellos (24.16). Es tras la comunión personal, el partimiento del pan y la relectura de las Sagradas Escrituras, que ellos pudieron **reconocer** que el que anduvo con ellos no fue un simple forastero, sino el Dios cercano (Jesús resucitado) que buscaba tener comunión con ellos a parir de su vida cotidiana.

En esa ocasión (como en Nehemías 8, tras la reedificación del Templo) a los intérpretes gracias a una HDE se les abrió el *entendimiento* para comprender el sentido de su experiencia. Y sólo un criterio los guiaba veladamente, el *criterio de su corazón* que «ardía mientras Jesús hablaba con ellos» y por eso le dieron posada.

> *"Estas son las palabras que os hablé, estando aún con vosotros: que era necesario que se cumpliese todo lo que está escrito de mí en la ley de Moisés, en los profetas y en los salmos. Entonces **les abrió el entendimiento**, para que comprendiesen las Escrituras"* (Lucas 24.44-45)

En Lc 24.16 se dice: *"pero sus ojos estaban ofuscados y no eran capaces de reconocerlo"* A través de todo su evangelio, Lucas ha resaltado el tema de la visión (9:45; 18:34; 23:8,35,47-49). Ahora lo articula en los vv. 23-24.31.32.35, al contarnos cómo el Cristo resucitado ***abre los ojos*** de sus discípulos para que contemplen su verdadero sentido en el plan de Dios. Pero como el relato clarificará, los ojos de los discípulos se abren totalmente sólo cuando han entrado en comunión con el Mesías.

John Lightfoot, asocia la expresión "*entonces les abrió el entendimiento*" con el sentido de interpretar lenguas como en Pentecostés.

> *Cuando se dice, que por la imposición de las manos de los apóstoles el don de lenguas y de profecía fue conferida ("hablaban en lenguas, y profetizaban " Hech. 19: 6), por nada "profecía" se puede entender mejor que esto mismo, que se abrieron las mentes de los mismos, para que comprendiesen las Escrituras; y tal vez su "hablar en lenguas" puede tener un aspecto de esta manera en la primera noción de la misma, a saber, que pudieran entender el original en el que las Escrituras fueron escritas* [45].

Para el *Comentario Bíblico San Jerónimo (Nuevo Testamento,* NCBSJ-NT) Toda la Escritura (Ley, Profetas y Escritos) (v.44) encuentra su cumplimiento en Jesús resucitado. El versículo 45 podría traducirse como *"les abrió la inteligencia para que comprendieran"* en el sentido de Lucas con su tema de la *revelación,* como apertura de ojos y mente.

A mi juicio, lo mismo pasa con el *don de la interpretación de lenguas.* Es una gracia divina que nos faculta para *interpretar* (no traducir) las lenguas (glossolalia) de los creyentes. Se trata también en este caso de una HDE.

3. *El velo que no permite ver al Mesías*

En el relato de los caminantes de Emús, lo que está en cuestión es la revelación del Mesías, el siervo de Yahveh muerto y resucitado. Los

---

[45] John Lightfoot, ***Exercitations upon the Gospel of St. Luke***, in e-sword, http://www.e-sword.net (version 10.3.0, por Rick Meyers. 2000-2014)

profetas lo habían anunciado por el espíritu de Cristo que estaba en ellos, pero no fueron capaces de entenderlo.

> *Entonces él les dijo: ¡Oh insensatos, y tardos de corazón para creer todo lo que los profetas han dicho! ¿No era necesario que el Cristo padeciera estas cosas, y que entrara en su gloria? Y comenzando desde Moisés, y siguiendo por todos los profetas, **les declaraba** en todas las Escrituras lo que de él decían.* (Lc. 24:25-27)

Luego se les presentó a los once discípulos que estaban reunidos y les dijo igualmente:

> *Estas son las palabras que os hablé, estando aún con vosotros: que era necesario que se cumpliese todo lo que está escrito de mí en la ley de Moisés, en los profetas y en los salmos. Entonces **les abrió el entendimiento**, para que comprendiesen las Escrituras; y les dijo: Así está escrito, y así fue necesario que el Cristo padeciese, y resucitase de los muertos al tercer día; y que se predicase en su nombre el arrepentimiento y el perdón de pecados en todas las naciones, comenzando desde Jerusalén. Y vosotros sois testigos de estas cosas. He aquí, yo enviaré la promesa de mi Padre sobre vosotros; pero quedaos vosotros en la ciudad de Jerusalén, hasta que seáis investidos de poder desde lo alto.* (Lc. 24:44-49)

Sólo quien se ha «convertido al Señor», quien capta con fe que Jesús de Nazaret es el Mesías e Hijo de Dios anunciado por Dios, que es el Resucitado y glorificado, capta el sentido de las Escrituras.

> «**Hasta el día de hoy**», dice Pablo, «*en la lectura del Antiguo Testamento, **sigue sin descorrerse el mismo velo (de los ojos de los Judíos), porque éste sólo en Cristo queda destruido.** Hasta hoy, pues, cuantas veces se lee a Moisés, permanece el*

velo sobre sus corazones; pero cuantas veces uno se vuelve al Señor, se quita el velo» (2Co 3:14-16) [46].

El Mesías no sólo es el objeto de la interpretación; es la *clave* por excelencia para desvelar las Escrituras.

Sin una hermenéutica del Espíritu es imposible reconocer al mesías, por más que se haya nacido en Judea, Samaria o Galilea. Nadie conoce al ungido de Dios, al Cristo, si no ha nacido de nuevo, de agua y del Espíritu, como le dijo Jesús a Nicodemo.

---

46 Comentario al cap. 24 de Lucas por El Nuevo Testamento y su Mensaje (NTM) en *e-Sword - the Sword of the LORD with an electronic edge.* © 2014 United States of America. www.e-sword.net

CAPÍTULO 9
Pedro, primer teólogo de
Pentecostés (Hechos 2.14-39)

1. Hermenéutica vital en Pentecostés

Lucas nos presenta a Pedro como al primer teólogo del evento de Pentecostés y por ello mismo el primero de los apóstoles en desarrollar una HDE. Luego vendrá Pablo quien aducirá una nueva *revelación* del **misterio** entregado a él, revelación que había sido oculta a través de los siglos, hasta su instauración como apóstol de Jesucristo en el «tiempo de los gentiles».

En el caso de Pedro, él puede releer el *suceso de Pentecostés* **in situ** como el cumplimiento de las profecías de Joel.

Según el pasaje en cuestión, Joel anunció el terrible *día de Yahvé* con señales telúricas (el sol se oscurecerá y la luna se teñirá de sangre) así como con manifestaciones carismáticas:

> «*Los ancianos soñarán sueños y los jóvenes verán visiones y sobre mis siervos y mis siervas derramaré de mi Espíritu*» (Joel 2:28)

Pentecostés es el **acontecimiento** y Pedro es el intérprete de ese acontecimiento a la luz de las Escrituras. Mientras el gentío que no conocía a Jesús pensaba con su mente natural que era el producto de una borrachera (Hechos 2.13), Pedro, en el poder del Espíritu, interpreta el suceso como el cumplimiento *in situ* de la profecía de Joel. En ese preciso instante se estaba cumpliendo una profecía y se tenía que discernir espiritualmente.

Según el capítulo 2 del libro de los Hechos, la narración de lucana marca dos ejes. El primero es *la pregunta por el significado del suceso*.

Atónitos y perplejos, se decían unos a otros: *"¿Qué significa esto?"* (Hch. 2. 12). Esta pregunta da lugar a la hermenéutica teológica de Pedro, explicando su significado a la luz de la profecía de Joel.

El segundo, consecuencia de la predicación, es *la pregunta por la ética y acción consecuente:* **"¿qué haremos?".** Compungidos de corazón, dijeron a Pedro y a los otros apóstoles: "Varones hermanos, ¿qué haremos?". La respuesta fue categórica:

> *Arrepentíos, y bautícese cada uno de vosotros en el nombre de Jesucristo para perdón de los pecados; y recibiréis el don del Espíritu Santo. Porque para vosotros es la promesa, y para vuestros hijos, y para todos los que están lejos; para cuantos el Señor nuestro Dios llamare* (Hechos 2:38-39)

Me queda claro que toda hermenéutica, producto de una exégesis ya asumida, debe contextualizar y hacerse carne hasta llevar a acciones concretas en la vida cotidiana. Los que preguntaron, recibieron una respuesta y fueron exhortados al arrepentimiento y a la formación de la primera comunidad cristiana, mediante el bautismo.

Hoy por hoy los movimientos del Espíritu pasan por el mismo proceso. Cuando sucede un avivamiento, la gente pregunta primero "¿qué significa eso?, ¿cómo se explica?" Una vez que reciben una respuesta, son interpelados a un quehacer. ¿Qué haremos con este movimiento? Si es de Dios, ¿qué tengo que hacer, en consecuencia?

2. Acontecimientos del Espíritu Hoy

¿Qué acontecimientos actuales apuntan al retorno del Mesías? ¿Cómo reconocer su venida, si no es mediante una HDE? ¿Quiénes son los anticristos de nuestra época? ¿Cómo discernir entre Cristo y el Anticristo? ¿Cómo encontrar un sentido espiritual en las realidades naturales?

Creo que Dios --en el poder de su Espíritu-- nos ha dotado de una capacidad espiritual para entender, interpretar, conocer, reconocer, profetizar, descubrir, sentidos profundos en medio de sequedales; encontrar aguas de vida, en pozos naturales.

Tenemos la mente de Cristo. Tenemos una *inteligencia espiritual*. No obstante, la profecía debe salir del círculo de hierro de la *profecía personal* para avanzar hacia una *profecía nacional*, anuncio de transformación social[47] En ese sentido, varios acontecimientos y experiencias espirituales en nuestros días requieren de una interpretación en el Espíritu o una HDE. El propio pentecostalismo y sus variantes postmodernas, requieren de una interpretación a la luz de las Escrituras. No todo lo que parece pentecostal, derivado de Pentecostés, lo es.

En la tercera parte de este librito, intentaremos abordar tres eventos que reclaman desde hace mucho una interpretación, o una hermenéutica del Espíritu. Me refiero al movimiento pentecostal propiamente y más particularmente a algunas de sus manifestaciones. Entre ellas, la guerra espiritual, y la interpretación profética de sueños y visiones.

Por razones de espacio, nos referiremos brevemente a cada uno de ellos, considerando que he escrito en otros lugares más ampliamente esos temas [48]. En síntesis, lo que propongo para estos casos es una

---

[47] David Mesquiati de Oliveira, "*Profetismo Bíblico e Profetismo Pentecostal: Um Chamado à Transformação social*" en David Mesquiati de Oliveira (Organizador), **pentecostalismos e transformação social.** Brasil: Fonte Editorial-RELEP, 2013: 39-63.
[48] Algunos artículos míos sobre estos temas, pueden verse en: https://independent.academia.edu/BernardoCampos. Cf. mi artículo sobre guerra espiritual en: http://www.sigueme.net/estudios-biblicos/29-la-guerra-espiritual-un-desafio-a-la-misionologia-actual-1/2/3/ Sobre el Pentecostalismo y la Reforma: Bernardo Campos (1997) **De la Reforma Protestante a la Pentecostalidad de la Iglesia.** Quito, Ecuador: CLAI; Bernardo Campos (2002) **Experiencia del Espíritu. Claves para una interpretación del pentecostalismo.** Quito, Ecuador: Ediciones CLAI. Sobre hermenéutica: Bernardo Campos, **Hermenéutica del acontecimiento Fundante. Un análisis de la tesis de relectura bíblica de José Severino Croatto.** Tesis de Bachillerato: Seminario Evangélico de Lima, 1981; Bernardo Campos, **La Tarea Hermenéutica.** Lima, Perú: CEPS, 1987. Sobre el movimiento neo pentecostal: http://es.slideshare.net/ipermaster/situacion-de-los-pentecostalismos-en-el-peru-2013; Véase También mis apuntes sobre

interpretación vital, la que supone tanto la exégesis de pasajes bíblicos a los que aludan y la hermenéutica del espíritu para comprender los eventos y acontecimientos.

De ese modo se completaría, recién, el *círculo hermenéutico* que permita entender adecuadamente la experiencia religiosa, su organización, su estructura y su mensaje cultural.

---

la identidad pentecostal, en: http://issuu.com/pentecostalidad/docs/apuntes_sobre_la_identidad_pentecostal

III PARTE

INTERPRETACION DE LOS ACONTECIMIENTOS ACTUALES DEL ESPIRITU

CAPÍTULO 10
LA INTERPRETACIÓN DEL MOVIMIENTO
PENTECOSTAL COMO SUCESO DEL ESPÍRITU

1. Interpretación teológica

Desde el punto de vista teológico la interpretación del **acontecimiento pentecostal** antiguo y contemporáneo como una realidad merece, además de una lectura desde las ciencias de la religión, una interpretación teológica.

El movimiento pentecostal o carismático, con su glossolalia y sus manifestaciones rituales ¿Supone una experiencia legítima que viene de Dios o es *nada más que* una forma de religiosidad entre otras?

Como sabemos, todos los *movimientos religiosos,* como los movimientos sociales y culturales, tienen siempre un comienzo, un auge, un ocaso y un final. El ocaso y final de uno, implica por lo general, el nacimiento de uno nuevo con características heredadas del anterior, pero a su vez con características propias que no siempre son fáciles de reconocer como genuinas y comprenderlas.

Usualmente tendemos a interpretar *un nuevo acontecimiento* como deformación, desviación o malformación del movimiento anterior ya instituido, o como un *hibrido* de la cultura o directamente de una *hibridación religiosa*[49]. Así, por ejemplo, hablamos de los "nuevos movimientos religiosos" desconociendo la antigüedad de muchos de ellos

---

[49] Sobre los *pentecostalismos étnicos* como *hibridación religiosa* o producto de la pluralización religiosa véase William Mauricio Beltrán, ***Del Monopolio Católico a la explosión pentecostal: Pluralización religiosa, secularización y cambio social en Colombia***. (Bogotá: Centro de Estudios Sociales de la Universidad nacional de Colombia, 2013), especialmente el capítulo "Pluralización religiosa en zonas rurales y colonización": 189-221. En el Perú, por su composición social y costumbres, se puede calificar

(algunos como los Testigos de Jehová son una prolongación del antiguo arrianismo; el neo gnosticismo actual es un eco del antiguo gnosticismo, y el propio pentecostalismo es reflejo del antiguo montanismo. Todos ellos datan del siglo II, III y IV d.C.) [50]

A los teólogos acostumbrados a la dogmática y a la sistematización, nos pasó un chasco y les pasa frecuentemente a los sociólogos de la religión por las limitaciones del método. Cuando nos estábamos esforzando en *describir* (y hasta ilusoriamente *reconocer*) con categorías cada vez más precisas, la naturaleza del movimiento pentecostal o carismático[51], nos dimos con la *sorpresa* que aquello que no lográbamos comprender en éste, acaso si era ya un otro movimiento radicalmente distinto [52].

En el ámbito religioso y a nivel del sistema de creencias, se experimenta como una **herejía** la racionalidad de un movimiento que reclama un sustento bíblico diferente al tradicional (discurso fundado sobre la experiencia), o como un **escándalo** si apela a *aspectos éticos* que no coinciden con la normatividad o el *cuadro de valores* y el *estilo de vida* anteriores.

Lo que pasa en realidad es que, cambiando los **criterios** de juicio a raíz de **experiencias nuevas** en la vida religiosa, se produce una transformación. Ocurre una especie conversión (*metanoia*) que opera como

---

de *pentecostalismo étnico* al Movimiento Misionero Mundial (MMM). En otros países el mismo movimiento tiene otras características.

50 Sobre las identidades repensadas desde la hibridación, consúltese Néstor García Canclini, **Culturas Híbridas: Estrategias para entrar y salir de la modernidad**. México: Ed. Debolsillo, 2013: i-xxiii

51 No obstante, siempre tuvimos cuidado en considerar la *dinámica* compleja del *movimiento* pentecostal. Cf. Bernardo Campos, **De la Reforma Protestante a la Pentecostalidad de la Iglesia.** Quito, Ecuador: CLAI, 1997.

52 En otro artículo me he referido a la experiencia contemporánea de la «pentecostalidad» como un *Post pentecostalismo*: Bernardo Campos, *Los albores del Post pentecostalismo: Ocaso y nacimiento de una pentecostalidad más inclusiva*. Publicado en **Cyberjournal-for-Pentecostal-Charismatic-research**-(USA): http:// www.pctii.org/cyberj /cyberj 13 /bernado.html

nueva racionalidad para explicar lo *experiencia* reciente de lo **sobrenatural** [53]

2. *Nueva percepción de los hechos*

Al cambiar los criterios de juicio y de valor, cambiaron simultáneamente los cánones que regían la **hermenéutica** del antiguo movimiento[54].

Peter Berger ha dicho con razón que, en el futuro, "*el reconocimiento de lo sobrenatural será sobre todo una reconquista de apertura en nuestra percepción de la realidad*"[55].

Esto, como es de suponer, genera un *conflicto de interpretaciones* como lo describe muy bien Paúl Ricoeur [56] al discutir la diversidad de corrientes de *interpretación de lo sagrado* de fin de siglo [57].

De alguna manera, por su carácter circular y dialéctico, las interpretaciones afectan al objeto de estudio. No es de extrañar, por eso, que

---

[53] Estamos conscientes de la discusión planteada especialmente por Pannenberg (al discutir las dos naturalezas de Cristo) de que hablar de *sobrenatural* no es hablar con propiedad, o dicho de otro modo, que la diferencia entre *naturaleza* y *sobrenaturalaza* es sólo una formulación o un modo cognoscitivo de apreciar la experiencia de lo que aparece en nuestra conciencia como extra ordinario. Cf. **Fundamentos de Cristología.** Salamanca: Ediciones Sígueme, 1975: (*Capítulo sobre las dos naturalezas de Cristo*) 83 ss.

[54] Cf. La misma discusión en el campo de la *psicología de la religión* en Rubem Alves, **El enigma de la Religión**. Bs. As: La Aurora, 1975: 92-95 donde muestra cómo la mística es una *emigración* de los que no tienen poder al terreno de la locura después de la conversión, pero que, al fin y al cabo, es una *metamorfosis* de la conciencia sin negar lo que ocurre fuera de sí como objeto de nuestra percepción.

[55] Citado por Rubem Alves en *opus citatus: 161.*

[56] Paul Ricoeur, **El conflicto de las interpretaciones. Ensayos de hermenéutica**, 3 volúmenes: I. *Hermenéutica y psicoanálisis*, II. *Hermenéutica y estructuralismo*, III. *Introducción a la simbólica del mal*, Buenos Aires: Fondo de Cultura Económica, 2003.

[57] Cf. Hans Zirker, **Crítica de la Religión**, Barcelona: Herder, 1985 y Karl-Heinz Weger, **La crítica religiosa en los tres últimos siglos**. Barcelona: Herder, 1986.

gran parte de las interpretaciones del pentecostalismo hecho por pentecostales sean de corte apologético o defensivo, en respuesta a las críticas del catolicismo y el protestantismo.

El lector está así implicado en la lectura del texto y su subjetividad se vuelve consubstancial al sentido intrínseco del texto[58].

4. Continuadores de Pentecostés

Desde esta óptica, la experiencia pentecostal, la antigua como la actual, es una experiencia genuina del Espíritu Santo en una comunidad de creyentes que se autodefinen como "pentecostales", es decir, continuadores de la experiencia de Pentecostés.

Más adelante veremos cómo el apóstol Pedro interpretó *por el Espíritu* la experiencia de judíos y prosélitos el día de Pentecostés. Pedro, teólogo pentecostal, conectó la experiencia de Pentecostés con la profecía de Joel para los últimos tiempos y actualizó así –*in actu*– el mensaje del texto bíblico antiguo.

Esa experiencia de Pedro, repetida por los cristianos a lo largo de los siglos, ha dado lugar a lo que he llamado "**Pentecostalidad**"[59]. Una construcción teológica que opera como un criterio epistemológico para hablar de la vocación de universalidad de la iglesia, y que, como categoría, permite superar las aporías de la novedosa pero precaria historización e institucionalización de los pentecostalismos. Es, al mismo tiempo, una *notae* [60] de la iglesia. La *Pentecostalidad* es así una

---

[58] De Wit, Hans. *En la dispersión el texto es patria: Introducción a la hermenéutica clásica, moderna y posmoderna.* San José, Costa Rica: Universidad Bíblica Latinoamericana (UBL), 2011: 375-401

[59] Véase mi *libro El Principio Pentecostalidad: La unidad en el Espíritu, Fundamento de la Paz.* Salen, Oregón, USA: Kerigma Publicaciones, 2016.

[60] Sobre el sentido, estatuto, vínculo, alcance escatológico, y acción presente de las "notas" eclesiales, véase el interesante comentario de Christian Duquoc, OP, *Iglesias Provisionales. Ensayo de eclesiología Ecuménica.* Madrid: Cristiandad, 1986: 101-137.

experiencia universal que expresa el acontecimiento de Pentecostés en su calidad de principio ordenador de la vida de aquellos que se identifican con el avivamiento pentecostal y, por ello mismo, construyen desde allí una *identidad "pentecostal"* [61].

En resumidas cuentas, la pentecostalidad sería así el principio y práctica religiosa tipo, informada por el acontecimiento de Pentecostés; una experiencia universal que eleva a la categoría de "principio" (arqué ordenador) las prácticas pentecostales y post-pentecostales que intentan ser concreciones históricas de esa **experiencia primordial.** Primordial en cuanto fundante de la experiencia presente y en cuanto donadora de sentido e identidad a las nuevas experiencias[62].

Hoy, a la luz de las nuevas vivencias de la Iglesia ibero-americana (española y lusitana) con relación a las acciones del Espíritu de Dios, asistimos a una expresión más universal de la pentecostalidad. Esa *pentecostalidad* atraviesa formas confesionales de todo tipo y genera, en consecuencia, novedosas y alarmantes configuraciones religiosas.

Gran parte de los neo pentecostalismos (tal vez no todos) denotan cambios en la dinámica cristiana global. Tanto así que ya no parecen pentecostales. Por su nuevo rostro parecen otra cosa distinta. Conservan elementos o aspectos de la religiosidad antecedente, pero muestran formas nuevas en su sistema de creencias, sus actos rituales, sus formas de organización, sus normas éticas y sus prácticas públicas.

En latín *"notae"* designa la idea de marca, característica o cualidad que describe la naturaleza de la iglesia. Entre las *notae* de la iglesia están: la santidad, la apostolicidad, la unidad, la catolicidad y —yo añadiría, ahora — la pentecostalidad.

[61] El Dr. Gabriel O. Vaccaro, *Identidad Pentecostal.* Quito, Ecuador: CLAI, (edición ampliada y corregida) 1990, describe muy bien las características de esta identificación. Cf. Bernardo Campos, *"La Madurez del Hermano Menor. Apuntes sobre el Sujeto de la Producción Teológica Pentecostal",* Lima, Perú: 2012

[62] Bernardo Campos, *De la Reforma Protestante a la Pentecostalidad de la Iglesia.* Quito, Ecuador: CLAI, 1997.

El movimiento pentecostal es el producto de avivamientos, o mejor, la continuidad de varios otros avivamientos antecedentes. Ningún avivamiento es estático o parecido a otro.

Cada avivamiento es único. Por lo general un avivamiento es generador de experiencias nuevas, y hasta provoca una revolución en la gente y en el entorno. La cresta de la ola de un avivamiento tiene un tiempo de duración (¿20, 50, 100 años?) y luego desciende. Mientras dura, arrastra consigo a propios y extraños. Luego que pasa, deja un gran vacío. Pero algo nuevo ha nacido y los que quedan tienen que lidiar entre sí para acomodarse a la nueva situación. Unos se adaptan, otros se resisten. El dilema es: *adaptarse o morir*.

Es verdad que toda gran conmoción en las iglesias no es necesariamente un avivamiento. Cuando un avivamiento es genuino, elimina resistencias y envuelve a los que se disponen (a los que se abren al Espíritu) en un manto de paz y tranquilidad de espíritu. Se produce el arrepentimiento, convicción de pecado, celo santificador, retorno a la palabra de Dios, así como una sed de Dios y de su presencia, aparte del gozo y alegría que corren como ríos[63], y un sinfín de manifestaciones extraordinarias.

Con el avivamiento nace también una nueva racionalidad, una nueva mentalidad y con ella nuevas conductas religiosas. Emergen nuevos discursos tendientes a explicar las nuevas prácticas. Los ritos que dramatizan las nuevas creencias cambian, sorprenden y escandalizan [64]. La organización anterior se diluye porque ya no sirve para la nueva época que se está iniciando. El carisma quiebra la institución religiosa [65].

---

[63] Alfonso Ropero-Philip E. Hughes, *Teología Bíblica del Avivamiento. Avívanos de nuevo*. Barcelona: CLIE, 1999: 86-90.

[64] Rodrigo Moulian Tesmer, *Metomorfosis Ritual. Desde el Ngillatun al Culto Pentecostal. Teoría, historia y etnografía del cambio ritual en comunidades mapuche williche*. Valdivia, Chile: Eds. Kultrún, 2012: 517-529.

[65] Sobre la rutinización del carisma Cf. Max Weber, *Economía y Sociedad. Esbozo de sociología comprensiva*, México: FCE, 1964, 2002: 197-201.

Aparece una nueva normatividad ética y se instala una nueva moral [66]. Nuevas formas de asociación dan lugar a nuevas formas de convivencia social impactando de muchas formas sobre la sociedad más grande.

Como es obvio, se requerirá una nueva hermenéutica para interpretar la nueva situación.

¿Cómo hemos de entender hoy los cambios dramáticos en la nueva configuración religiosa en américa y otros continentes?

¿Es bíblica la Guerra espiritual? ¿Con qué instrumentos mediremos su veracidad o falsedad?

En el capítulo siguiente examinaremos la teoría de la guerra espiritual desde una HDE.

---

66 Elton Fernandes de Souza, *Conflitos entre pentecostais: repreentaçoes da igreja universal do Reino de Deus no âmbito da Igreja Evangélica Assembleia de Deus do Brasil (1990-2009)* en: Alfredo Dos Santos Oliva-Antonio Paulo Benatte (Orgs.), **Cem Anos de Pentecostes. Capítulos da História do pentecostalismo No Brasil**. Sao Paulo: Fonte Editorial, 2010: 249-284

CAPÍTULO 11
El Movimiento de Guerra Espiritual y Liberación, como HDE.

1. Cosmogonías

Veamos ahora el caso de la "guerra" espiritual y la liberación. Lo que en los últimos años se ha conocido con el nombre de "guerra espiritual" o "victoria espiritual" es una articulación teológica sobre *demonología*[67], *escatología y pneumatología,* aplicadas a la doctrina y práctica de la misión de la iglesia, conocida en los círculos académicos como misiología.

Se trata, por tanto, de un *conjunto de creencias* acerca de cómo está constituido el universo, quiénes lo pueblan y qué entidades lo dominan. A este conjunto de creencias la antropología le ha dado el nombre de "cosmogonías" y forman parte de los "sistemas de creencias" estudiados antropológicamente como *ideología* en su horizonte cultural. No en el sentido de "falsa conciencia", como quiere la escuela dialéctica, sino en el de "sistema de ideas". La ideología sería así una especie de *enlace* entre la ciencia y la religión, según afirma el filósofo Paul Ricoeur [68].

Como explicación del mundo, del hombre y de Dios, existen respectivamente cosmogonías, antropogonías y teogonías [69]

---

[67] Sobre demonología pentecostal en la Teología Dogmática, puede consultarse el ya clásico Guy P. Duffield y Nathaniel M. Van Cleave, **Fundamentos de teología Pentecostal.** USA: LIFE Pacific College, 2da edición, 2002: 523-534ss.

[68] Paul Ricoeur, **Ideología y Utopía**. Traducción: Alberto L. Bixio. 2a edición. Barcelona. Gedisa Editorial, 1994: 360; Roy Alfaro Vargas, *El Concepto de Ideología en Paul Ricoeur*, en: **Revista Ciencias Sociales de Costa Rica** 119: 153-161 / 2008 (I).

[69] La antropogonía es la clase relato de carácter mítico-religioso sobre el origen del hombre, su creación o surgimiento y por extensión de su cultura. La Teogonía, del

¿Se trata, entonces, de lecturas científicas de la realidad? No exactamente. A las ciencias que tratan las mismas realidades se les conoce con el nombre de *cosmología, antropología y teología.*

La diferencia radica en que estas últimas han buscado un conocimiento metódico, objetivo, racional, exacto, lógico, mensurable y coherente. Y, quiéranlo o no, han estado en diálogo, en acuerdo o desacuerdo, con los postulados de la ciencia. Con todo, todavía existe discusión entre los círculos intelectuales y filosóficos si la teología es o no una ciencia.

El conocido epistemólogo Mario Bunge, por ejemplo, piensa que la teología pertenece al campo de la *mitología* (es decir al terreno del lenguaje simbólico) y por tanto a otro nivel de conocimiento emparentado con la producción cultural (Folklore). Las primeras, en cambio, son un conjunto de creencias tal cual se van formando en el imaginario popular, pero no por eso menos ciertas.

2. Una lógica diferente

Lo que sucede es que, con la teoría de la guerra espiritual, estamos ante otro "nivel" de conocimiento, que se juzga no por los cánones de la racionalidad moderna sino por su poder simbólico, metafórico, es decir, por su capacidad de remitirnos a realidades o ámbitos de nuestra "realidad" que intuimos que están allí, pero que nuestros instrumentos físicos, por sus limitaciones y por los reduccionismos de nuestra civilización, no nos permiten "ver" y nos impiden aceptarlas como reales.

Son, en rigor, aproximaciones "no científicas" —en el sentido de conocimientos fundados y verificables empíricamente— a realidades milenarias que, en los dos últimos siglos, más exactamente con el inicio de la

---

griego Θεογονία: "Theogonía", es una narración o teoría del origen de los dioses. Usualmente se alude a la obra poética escrita por Hesíodo que contiene una de las más antiguas versiones del origen del cosmos y el linaje de los dioses de la mitología griega.

modernidad y la ilustración, han estado como cerradas para el conocimiento científico y, por extensión al gran público. Esto debido a la fuerte influencia en América del positivismo lógico, la filosofía analítica o el empirismo de la ciencia. Esta aclaración es útil para despejar algunas dudas de aquellos que presumiendo de "científicos" o de teólogos y misiólogos puros, piensan que el tema de la "guerra espiritual" es pura mitología y por lo mismo un asunto cerrado y superado.

Nosotros creemos, por el contrario, que en el caso de la "guerra" espiritual, conviene analizarla como propuesta misiológica en su estructura fundamental, esto es en sus postulados básicos, para levantar luego una serie de preguntas destinadas a un diálogo respetuoso y temeroso sobre la misión de la iglesia y sus componentes culturales y espirituales[70]. En ese caso, el análisis debe empezar por presentar, aunque sea en apretada síntesis, lo que podría llamarse la "teoría" de la guerra espiritual tal como la exponen sus principales mentores.

Esto permitirá al lector juzgar si hemos entendido bien la propuesta, para luego pasar a una crítica constructiva sobre puntos que, a mi juicio, deben ser corregidos en favor de la misión de la iglesia.

En nuestro caso, confesamos que al tema de la "guerra" espiritual y liberación, no llegamos simplemente como investigadores, ya que, como creyentes abiertos al Espíritu, nos enfrentamos, durante el ministerio, a entidades espirituales de maldad que la ciencia no reconoce como válidas, pero que son más reales de lo que queremos aceptar. Estas modifican a diario el comportamiento de la gente, produciendo *patologías* o enfermedades y dolencias que ni la misma psiquiatría puede modificar[71]

---

70 David K. Naugle, **Worldview. The history of u Concept**. Grand Rapids, Michigan-Cambridge, U.K:William B. Eerdmans Publishing Company, 2002: especialmente pp. 274-284 sección dedicada especialmente al pecado y la guerra espiritual como elementos de una *cosmovisión* cristiana.

71 Fernando Gioblina Brumana, **El Cuerpo Sagrado. Acerca de los análisis de los fenómenos de posesión demoníaca.** Separatas de la Revista Española de Investigación Sociológica N° 34, abril-junio 1986: 1-21

y para las cuales las ciencias sociales, incluida la de las ciencias de la religión, tiene limitaciones.

En este tema, como en la interpretación de los movimientos del Espíritu, se requiere una *"Hermenéutica del Espíritu"*, sostenida sobre una feliz combinación entre principios de exégesis bíblica y experiencia. Únicamente así podríamos aproximaciones al "mundo" de lo espiritual, ya que sólo mediante una metodología teológica, crítica y racional, no podríamos acceder. Se requiere una HDE y de unas categorías nuevas de análisis.

Ahora bien, me parece muy importante distinguir entre la "teoría" de la guerra espiritual y la propia "guerra espiritual" que se ha venido librando desde que el mundo tiene conciencia.

3. Realidades espirituales de maldad

En cuanto a **la realidad** de la guerra espiritual propiamente dicha, los cristianos reconocemos que desde los comienzos mismos del universo siempre hubo una lucha o conflicto espiritual entre el bien y el mal, signado por lo que teológicamente conocemos como la *"teoría" del abismo y del caos*

Según los teóricos de la guerra spiritual la creación del universo, como un orden, fue posible como superación del caos, porque la tierra estaba desordenada y vacía y las tinieblas estaban sobre la faz del abismo (Gén 1:2). Oponiéndose a ese caos original [72], el Espíritu de Dios se movía sobre la faz de las aguas. Anterior a ese hecho, oponiéndose a la perfección de Dios, estuvieron los ángeles caídos quienes, por rebelarse contra el orden de Dios, fueron expulsados de la misma presencia de

---

72 Sobre el drama de la creación, la visión ritual del mundo, la idea del caos original, véase Paul Ricoeur, **Finitud y Culpabilidad**. Madrid: Taurus Humanidades, 1991: 329-362; Robert Muchembled, **Historia del Diablo. Siglos XII-XX**. México: Fondo de Cultura Económica. 62013: 20

Dios. Luzbel, según la tradición cristiana, siendo un bello ángel de Luz, pasó a convertirse en Lucifer, o ángel de las tinieblas [73].

Lo mismo puede decirse de la primera pareja humana Adán y Eva, pues siendo ellos perfectos cedieron a la tentación de Satanás y fueron expulsados del paraíso, dejando de disfrutar de la *in*-mediata presencia de Dios. Así, tenemos por lo menos tres oposiciones: El orden que se opone al caos, la luz que se opone a las tinieblas y el mal imperante en el mundo que se opone al desarrollo del bien, por conducto de la humanidad.

Se puede recusar que esta interpretación es tendenciosa-mente maniquea y dualista [74], pero no recogerla nos llevaría también a negar las estructuras binarias básicas de los mitos cosmogónicos y antropogónicos, así como su significación y validez como formas de explicación del mundo. Y de lo que se trata, a mi juicio, es de poder percibir su *significación* para nuestra cultura, de acogerlas como lo que son, una forma de lenguaje de un ámbito de la realidad a los cuales no podemos acceder de otro modo, sin el riesgo de perder su riqueza simbólica.

La teoría de la guerra espiritual, a diferencia de la realidad espiritual a la que alude, es relativamente nueva. Apenas si tiene unos cuantos años de formulada, tal como la conocemos en nuestro medio. Se trata de un perfeccionamiento o una prolongación de la teoría misiológica conocida

---

73 Riwkah Schärf, "*La Figura de Satanás en el Antiguo Testamento*" en Karl Gustav Jung, **Simbología del Espíritu: Estudios de fenomenología Psíquica con una aportación de Riwkah Scharf.** México: FCE, [4]1994:113-225; Cf. También: Jeffrey Burton Russell, **El Diablo: Percepciones del mal, de la antigüedad al cristianismo primitivo.** Barcelona, España: Laertes, 1977: 177-260

74 El maniqueísmo es el nombre que se le da a la religión universalista fundada por el sabio persa Mani (o Manes) (c. 215-276), quien decía ser el último de los profetas enviados por Dios a la humanidad. Según S.G.F. Brandon, **Diccionario de religiones comparadas**, Madrid, Cristiandad, 1975, vol. II, pág. 980, "El sistema de Mani posee un tono sincretista en general, aunque básicamente procede del dualismo zoroastrista del conflicto cósmico entre la luz y las tinieblas. Este dualismo se refleja en una doctrina de corte gnóstico acerca del hombre". Para el maniqueísmo ha sido concebido como producto de una guerra entre el bien y el mal, entre la luz y las tinieblas. Cf. Mircea Eliade (ed.), **The Encyclopedia of Religion**, Nueva York, Macmillan, 1995, vol. 9, pág. 161

como "iglecrecimiento" que proviene de los círculos de investigación de la escuela de misiones del *Fuller Theological Seminary*, en los Estados Unidos[75]. Se sabe que en la década del 50 Donald McGavran, fue el creador de la Escuela Church Growth o Iglecrecimiento. Su propuesta era descartar teorías de iglecrecimiento que no funcionaban y aprender y practicar los modelos productivos.

Con la "guerra" espiritual, sanidad interior y liberación espiritual, estamos ante una obra profundamente espiritual, para la cual la santidad y la oración, así como la total dependencia de Dios y la apertura al Espíritu Santo, son indispensables. Esta se mueve en una racionalidad distinta a la occidental. Para comprenderla hay que entrar en esa lógica, de lo contrario solo nos quedaremos en la caricatura o en la mera opinión. La lucha contra entidades demoníacas o satánicas, en este terreno, se libra en un horizonte puramente espiritual.

Si bien ayuda el conocimiento de la Biblia (como criterio último y necesario), el discernimiento espiritual como reconocimiento del mal y los demonios, el oír la voz de Dios interna o audiblemente, las visiones de reconocimiento, o el conocimiento de manifestaciones extraordinarias, son imprescindibles. Estas últimas deben someterse al juicio de las Sagradas Escrituras.

En estos casos, es la *unción del Santo*, la que nos permite conocer esos misterios y la que nos va guiando, paso a paso, qué debemos hacer al enfrentar al enemigo de Dios o qué hacer para liberar a los endemoniados. El Espíritu Santo incluso nos revelará qué pasajes bíblicos debemos estudiar.

Sumamente importante en este trabajo, es poder oír la voz de Dios y entender sus designios. Dios nos habla de muchas maneras y todas ellas —para verificar su autenticidad— tienen que tener su correlato en las Sa-

---

[75] Donald McGavran, **Understanding Church Growth.** Grand Rapids: Wm. B.Eerdmans Publishing Co., 1970: 198.

gradas Escrituras al menos en un sentido global. Esta percepción es frecuente entre los que tienen un ministerio profético. Pueden oír la voz de Dios directamente o a través de sueños y visiones.

CAPÍTULO 12
LA INTERPRETACIÓN PROFÉTICA
COMO HDE

1. ¿Aún habla Dios por sueños?

Definitivamente sí. La Biblia así lo enseña y nuestra experiencia espiritual lo corrobora. Los sueños de una persona y el significado de esos sueños son algo entre ella y Dios solamente.

A través de las Escrituras vemos que Dios ha hablado a la gente muchas veces mediante sueños. Ejemplo de ello son:

- José el hijo de Jacob (Génesis 37:5-10),
- José el esposo de María (Mateo 2:12-22),
- Salomón (1 Reyes 3:5-15), y
- Muchos otros (Daniel 2:1; 7:1; Mateo 27:19).

Hay también una profecía del profeta Joel (Joel 2:28), citada por el apóstol Pedro en Hechos 2:17, que dice que en los postreros días los ancianos soñarán sueños y vuestros jóvenes verán visiones.

Dios definitivamente habla a través de los sueños y visiones y por mensajes proféticos. Incluso los sueños son medios de sanidad[76]

Por lo general los sueños llevan un mensaje poderoso sobre varios aspectos de nuestras vidas. Si sabe cómo interpretar sueños desde una perspectiva cristiana, podrá ver mensajes espirituales en sus sueños.

---

[76] Sobre la función de los sueños en las comunidades carismáticas Miguel Ángel Mansilla, *La Cruz y la esperanza. La cultura del pentecostalismo chileno en la primera mitad del siglo XX.* Chile: Editorial Universidad Bolivariana, 2009: 134-135.

No obstante, en prevención, muchos pastores no dan lugar a la interpretación de sueños y visiones en las iglesias.

Esto puede redundar en dos problemas: primero, esos pastores se pueden estar oponiendo al trato de Dios con la persona que permanentemente tiene sueños. Es probable que tal persona tenga un llamado profético, y por esa razón tiene sueños con mensajes espirituales. *Dios no hace nada sin revelar primero a sus siervos los profetas* (Amós 3.7) Dios es el gran revelador de secretos[77]

En segundo lugar, dar mucha importancia a los sueños puede conducir a los creyentes a desplazar a la Biblia a un segundo plano o lo que sería peor, querer confirmar su mensaje mediante sueños actuales.

En cierta ocasión, uno de mis alumnos del Seminario me dijo. Ahora sé que el relato de la mujer y el dragón, de apocalipsis 12 es verdadero. "¿Por qué crees eso ahora?", le pregunté. "Porque anoche tuve un sueño que me confirmó ese relato", respondió. "Es al revés", repliqué yo: "La Biblia confirma que tu sueño es verdadero, y no al contrario".

Nuestros sueños, por más revelados que sean, ocupan un lugar secundario en la interpretación de la Biblia. Su interpretación depende de los contenidos y mensaje de la Biblia.

2. La preeminencia de las Sagradas Escrituras

Una cosa que debemos tener en mente es que la Biblia está completa, habiendo cubierto todo lo que necesitamos saber para nuestra salvación. Esto no quiere decir que Dios ya no haga milagros o que no hable a través de sueños y visiones hoy en día.

La diferencia es que Dios ya ha revelado el camino que ÉL eligió para tratar con el hombre desde ahora hasta la eternidad, y ese camino es Cristo y lo sabemos por la Biblia. Cualquier cosa que Dios dice, ya sea en sueños, visiones, o mediante una voz interna o externa (audible),

---

[77] Hank Kunneman, *El Revelador de Secretos*. USA: Casa Creación, 2009: 1-23.

tendrá que estar en completo acuerdo con lo que Dios ya ha revelado en Su Palabra.

Los sueños no pueden relegar a un segundo lugar la autoridad de las Escrituras. Nuevamente, Si Dios fuera a hablarle a una persona en un sueño, Su mensaje estaría en perfecto acuerdo con Su Palabra. Nuestra creencia en la inspiración, autoridad y suficiencia de la Escritura, no quita sin embargo que Dios hable excepcionalmente a través de los sueños en la actualidad.

Si usted tiene un sueño y siente que Dios se lo dio, examine con mucho cuidado la Palabra de Dios y asegúrese que su sueño esté en total acuerdo con la Escritura, o por lo menos que no se opone a ella. Si es así, considere lo que Dios quiere que haga en respuesta a su sueño (Santiago 1:5).

En la Escritura, siempre que alguien experimenta un sueño de Dios, Dios siempre aclara el significado del sueño, ya sea directamente a la persona, a través de un ángel, o a través de un mensajero (Génesis 40:5-11; Daniel 2:45; 4:19). Cuando Dios nos habla, ÉL se asegura que Su mensaje sea claramente entendido.

3. Consejos sobre los sueños

Escriba lo que pasó en sus sueños tan pronto como se levante. A menudo, olvidamos los sueños poco después de habernos levantado. Si escribe sus sueños inmediatamente, será capaz de interpretarlos después con el favor de Dios.

Asesórese sobre el tipo de sueño que tuvo. La Biblia da ejemplos de tipos diferentes de sueños como sueños proféticos y sueños falsos, sueños de revelación y sueños naturales.

Grabe cualquier símbolo que aparezca en el sueño. Casi cualquier objeto o persona puede simbolizar algo más en el sueño. Por ejemplo, un puente puede simbolizar una dura decisión en su vida. Usted decide si cruza el puente o si se regresa por el camino en que vino. El puente puede representar un gran cambio, como una escalera puede representar el paso de un nivel a otro.

Discierna si tuvo un sueño profético. En la Biblia, Dios hablaba con José mediante sueños proféticos. Si usted no comprende el significado de un sueño profético, ore y medite en ello ya que podría experimentar una revelación particular. Si no consulte a su pastor o a algún hermano con más experiencia espiritual.

Discierna si su sueño puede ser una advertencia. Bíblicamente, Dios usó sueños para advertir a la gente de problemas venideros. Si siente que su sueño contiene una advertencia divina, tómelo en cuenta y cambie sus acciones para evitar consecuencias irreparables. En la Biblia, estos sueños de advertencia son especiales dones que Dios da para salvar a su gente de la condenación.

Discierna si su sueño contiene un mensaje divino. A veces nuestros sueños son causados simplemente por nuestra rutina habitual o por una mala digestión. Puede soñar sobre cosas que hizo ese día, simplemente porque están en tu mente. Esto es técnicamente un *ensueño*. En el ensueño evocamos figuras mentales de imágenes, sonidos, pensamientos y sensaciones que tenemos retenidas en la memoria, sea reciente o de hace mucho tiempo.

Considere que no todo sueño es un mensaje profético o una advertencia. Ore por sus sueños. Si está confundido (a) acerca de un sueño, pídale consejo a Dios. Puede lograr una mayor comprensión con el tiempo, o pregunte a personas experimentadas en la fe.

4. *Los sueños y la HDE*

Los sueños son una experiencia propia de los seres humanos y, como hemos dicho, constituyen el medio que Dios usa a veces para hablar a sus criaturas. Es deber de los que sueñan, buscar su interpretación con el respaldo (primario) de los contenidos bíblicos y con el apoyo (secundario) de experiencias cristianas similares. Por lo general hay que buscar analogías con los símbolos de la fe cristiana y el sentido que tienen esas analogías en la Biblia[78]. Así, por ejemplo, soñar con un mar puede significar según Apocalipsis 17:15: Multitudes, pueblos, naciones. En la interpretación pastoral de los sueños, el contexto personal del que sueña constituye una pauta para su interpretación. El consejero o pastoralista, con la ayuda de Dios, debe poder conjugar contexto o entorno cultural y particular del soñador (a) con la simbólica del sueño.

5. *José interpreta sueños por la HDE.*

Estando José en la cárcel, el Faraón tuvo un sueño impresionante y le procuraba su interpretación. El copero que conocía a José, se acordó de su don para interpretar sueños y le contó a Faraón lo ocurrido en la cárcel. Así pues, Faraón mandó llamar a José a su presencia. Cuando sacaron a éste de la cárcel, le cortaron el pelo y le dieron ropas nuevas antes de presentarse ante faraón. El Faraón le dijo:

> "He tenido un sueño y no hay quien me lo interprete, y he oído hablar de ti, que en cuanto oyes un sueño lo interpretas".

José respondió a su vez:

> "No yo; Dios será el que dé una respuesta favorable al Faraón" (una HDE). Faraón dijo entonces a José: "Éste es mi sueño: estaba yo en la ribera del río, y vi subir del río siete vacas gordas y hermosas, que se pusieron a pacer en la verdura de la orilla, y he aquí que detrás de ellas suben otras siete vacas, malas, feas y flacas, como no las he visto de malas en toda la tierra de Egipto, y las vacas malas y feas se comieron a las primeras siete vacas gordas, que entraron en su vientre sin que se conociera que había entrado, pues el aspecto de aquéllas siguió siendo

---

[78] Perry Stone, *Como interpretar los Seños y las Visiones*. USA: Casa Creación, 2011: 170-172

tan malo como al principio. Y me desperté. Vi también en sueños que salían de una misma caña siete espigas granadas y hermosas, y que salían después de ellas siete espigas malas, secas y quemadas del viento solano, y las siete espigas secas devoraron a las siete hermosas. Se lo he contado a los adivinos, y no ha habido quien me lo explique".

José dijo a Faraón:

"El sueño de Faraón es uno solo. Dios ha dado a conocer a Faraón lo que va a hacer. Las siete vacas hermosas son siete años, y las siete espigas hermosas son siete años de riqueza y abundancia. Las siete vacas flacas y malas que subían detrás de las otras son otros siete años, y las siete espigas secas y quemadas del viento solano son siete años de hambre. Es lo que he dicho a Faraón, que Dios le ha mostrado lo que hará. Vendrán siete años de gran abundancia en toda la tierra de Egipto, y detrás de ellos vendrán siete años de escasez, que harán que se olvide toda la abundancia en la tierra de Egipto, y el hambre consumirá la tierra. No se conocerá la abundancia en la tierra a causa de la escasez, porque ésta será muy grande. Cuanto a la repetición del sueño a Faraón por dos veces, es que el suceso está firmemente decretado por Dios y que Dios se apresurará a hacerlo. Ahora, pues, busque Faraón un hombre inteligente y sabio, y póngalo al frente de la tierra de Egipto. Nombre Faraón intendentes, que visiten la tierra y recojan el quinto de la cosecha de la tierra de Egipto en los años de abundancia; reúnan el producto de los años buenos que van a venir, y hagan acopio de trigo a disposición de Faraón, para mantenimiento de las ciudades, y consérvenlo para que sirva a la tierra de reserva para los siete años de hambre que vendrán sobre Egipto, y no perezca de hambre la tierra".

En toda interpretación de sueños, las **analogías** juegan un rol importante. Por ejemplo, vacas gordas = abundancia.

Las analogías están asociadas con los elementos de la cultura disponible en el momento y la comprensión está sujeta a *cosmovisión* de los intérpretes[79]. Eso significa que habrá cosas que son universales y cosas muy particulares del propio contexto.

La interpretación de los sueños depende en parte de la sabiduría popular y de la sabiduría divina contenida en la Biblia. Pero recuerde:

> *"toda buena dádiva y todo don perfecto desciende de lo alto, del Padre de las luces, en el cual no hay mudanza, ni sombra de variación"* (Santiago 1.17)

Otro sueño famoso en la Biblia es el que tuvo Nabucodonosor, según Daniel 2. Le fue revelado el **reinado del Mesías**, pero no lo entendió y encima se olvidó el sueño. Después de llamar a magos y adivinos de su entorno, finalmente llamó a Daniel para que le recuerde su sueño y para que le dé la interpretación. El dilema para Daniel fue interpretar o morir.

> *"**El secreto fue revelado a Daniel en visión de noche**, por lo cual bendijo Daniel al Dios del cielo. Y Daniel habló y dijo: Sea bendito el nombre de Dios de siglos en siglos, porque suyos son el poder y la sabiduría. **Él muda los tiempos y las edades**; quita reyes, y pone reyes; **da la sabiduría a los sabios, y la ciencia a los entendidos**. El **revela lo profundo y lo escondido**; conoce lo que está en tinieblas, y con él mora la luz. A ti, oh Dios de mis padres, te doy gracias y te alabo, porque me has dado sabiduría y fuerza, y ahora me has revelado lo que te pedimos; pues **nos has dado a conocer el asunto del rey**".* (Dan 2.19-23)

El sueño habla del Mesías y del alcance de su reino.

---

[79] La cosmovisión (Al.: *weltanschauung*) o manera de ver el mundo es determinante en la hermenéutica general y en particular en la hermenéutica de los sueños. David K. Naugle, ***Worldview. The history of a Concept***. Grand Rapids, Michigan-Cambridge, U.K:William B. Eerdmans Publishing Company, 2002: 253-289

*"Y en los días de estos reyes el Dios del cielo levantará un reino que no será jamás destruido, ni será el reino dejado a otro pueblo; desmenuzará y consumirá a todos estos reinos, pero él permanecerá para siempre, de la manera que viste que del monte fue cortada una piedra, no con mano, la cual desmenuzó el hierro, el bronce, el barro, la plata y el oro. **El gran Dios ha mostrado al rey lo que ha de acontecer en lo por venir; y el sueño es verdadero, y fiel su interpretación**"*. (Dan 2:44-45)

Los reinos del mundo caerán, pero el reino del Mesías perdurará por siempre. Este es el mensaje central y su interpretación.

¿Cómo llegó José a la interpretación correcta? Consultándole a Dios. No hay otra forma. Usted puede leer libros acerca del significado de los sueños[80], pero el significado de cada sueño está sujeto al contexto social y cultural y en particular a las circunstancias particulares del que lo sueña.

Usualmente los libros cristianos que llegan a nuestro continente son traducciones de obras escritas para otro contexto. Aunque los símbolos cristianos son universales, las experiencias de las personas son muy particulares.

En una misma cultura, incluso en una misma región o pueblo, las experiencias como el significado de los símbolos pueden ser muy diversos y contradictorios.

Psicólogos como Freud y Jung han interpretado sueños desde sus teorías psicoanalíticas. Nosotros solemos hacerlo desde la Palabra de Dios y la sabiduría que viene de lo alto, pidiéndoselo a Dios.

Recordemos lo que dice Santiago:

> *Si alguno de vosotros tiene falta de sabiduría, pídala a Dios, el cual da a todos abundantemente y sin reproche, y le será dada. Pero pida con fe, no dudando nada...* (Santiago 1:5-6)

---

[80] Así, por ejemplo, Perry Stone. *Cómo interpretar los Seños y las Visiones*. USA: Casa Creación, 2011

CONCLUSION

En conclusión, y a la luz de los textos bíblicos presentados, podemos observar que el método de una HDE consiste, pues, en:

- Una confrontación de los acontecimientos actuales con las profecías bíblicas a partir de la experiencia de fe y de nuestra capacidad de conectar por el Espíritu Santo la Palabra de Dios con los sucesos históricos.

- La Hermenéutica del Espíritu es el redescubrimiento de un sentido novedoso contenido *en* los acontecimientos (algo así como un **plus**), que sólo puede ser visto con los ojos de la fe o de una HDE. Por ejemplo, allí donde la gente común el día de Pentecostés sólo vio una simple borrachera (Hch 2:15-16), el apóstol Pedro por una HDE pudo ver *in acto* el cumplimiento de una profecía mesiánica.

- La Hermenéutica del Espíritu es una *inteligencia espiritual* aplicable a la Biblia y a los acontecimientos que apuntan al Mesías.

- La Hermenéutica del Espíritu supone una experiencia con el Espíritu de Dios y provoca un nuevo conocimiento cuando se busca la dirección divina: *"Clama a mí, y yo te responderé, y te enseñaré cosas grandes y ocultas que tú no conoces"* (Jer. 33.3)

- La Hermenéutica del Espíritu pasando por una lectura exegética de la Escritura (interpretación científica) va más allá de ella, porque supone una *experiencial actualización fundante* del sentido del texto desde nuevas prácticas religiosas. Busca el sentido profundo o espiritual del texto bíblico.

- La Hermenéutica del Espíritu exige de los involucrados una conversión (*metanoia*), un cambio de mentalidad y un cambio de actitud ética, derivando posteriormente (como sucedió inmediatamente *después de pentecostés*) en una comunidad de bienes y la divulgación del evangelio hasta los confines del hemisferio conocido hasta entonces. Hemos visto cómo el evento *post* pascual de la resurrección suscitó una **pentecostalidad** [81], y trajo, como consecuencia inesperada, **movimientos de espiritualidad** posteriores. Esos movimientos, siendo historizaciones del cristianismo primitivo, sólo pueden ser entendidos en su complejidad a la luz de una **Hermenéutica del Espíritu** (HDE)

Así, pues, resumiendo, diríamos que *"en el Poder del Espíritu"* y mediante una Hermenéutica del Espíritu:

1. Actualizamos el mensaje de las Sagradas Escrituras (Lc. 4.16-30);
2. Interpretamos acontecimientos a la luz de las profecías bíblicas (Hch 2: 14-42);
3. Hablamos sabiduría revelada (1 Cor. 2);
4. Discernimos entre la verdad de Cristo y la mentira del mundo y;
5. Encontramos al Mesías y nos libramos de los anticristos (1 Jn 2: 18-29)

De esta manera sencilla hemos expuesto algunos lineamientos de una *Hermenéutica del Espíritu* con el propósito de presentar la propuesta a la luz de la Palabra.

En otra oportunidad podríamos discutir la cientificidad de una HDE y su validez para las Ciencias Bíblicas. Su fundación como método, sin embargo, deberá sostenerse tras una consulta a la tradición hermenéutica más amplia de la iglesia, la historia de la teología y la moderna

---

81 En el sentido de una *universalidad* del evento pentecostal originario.

ciencia bíblica, en correlación con la discusión hermenéutica contemporánea.

La hermenéutica pentecostal, como HDE, une tres polos: la Escritura (el objeto fundamental), la realidad (objetiva) o acontecimiento y la experiencia (subjetiva) del intérprete. Esos tres polos forman un constructo que llamamos HDE o teología.

A Jesús de Nazaret, hecho Señor y Cristo,
sea la gloria, la honra y el poder.

BIBLIOGRAFÍA

Alves, Rubem. *El enigma de la Religión*. Bs. As: La Aurora, 1975

Anderson, Neil T. y Towns, Elmer L. *Ríos de Avivamiento*. Editorial Unilit, 1998

Aramendia, Oscar Puigardeu. *Una aproximación al concepto de inteligencia espiritual basada en el método de análisis biográfico* en: *Journal of Transpersonal Research*, 2011, Vol. 3 (2), 157-176

Archer, Keneth J. A. *Pentecostal Hermeneutic: Spirit, Scripture and Community. Journal of Pentecostal Theology Supplement Series* (28), Cleveland: CPT Press, 2005

Beltrán, William Mauricio. *Del Monopolio Católico a la Explosión Pentecostal: Pluralización religiosa, secularización y cambio social en Colombia*. Bogotá: Centro de Estudios Sociales de la Universidad Nacional de Colombia, 2013

Berger, Peter y Luckmann, Thomas. *La Construcción Social de la Realidad*. Buenos Aires, Amorrortu, 1968

Boff, Clodovis. *Teologia e Pratica.* [Traducido español como «Teología de lo Político»]. Salamanca: Sígueme, 1980.

Brandon, S.G.F. *Diccionario de religiones comparadas*, Madrid, Cristiandad, vol. II., 1975

Brown, Raymond E. "*The History and Development of the Theory of a Sensus Plenior*," *Catholic Biblical Quarterly* 15 (1953) 141 - 162.

Brown, Raymond E. *The Sensus Plenior of Sacred Scripture*. Baltimore: St. Mary's University, 1955.

Bruner, Frederick Dale. *A Theology of the Holy Spirit*. Michigan: William Eerdmans Publisher. 1970.

Bultmann, Rudolf. *Creer y Comprender*. [Glauben und Verstehen] 2 Vols. Madrid: Stvdivm, 1976

Burton Russell, Jeffrey. *El Diablo: Percepciones del mal, de la antigüedad al cristianismo primitivo*. Barcelona, España: Laertes, 1977.

Campos, Bernardo. (Artículos varios) en *https://independent. academia.edu/BernardoCampos*

Campos, Bernardo. *Apuntes sobre la Identidad Pentecostal* en: *http://issuu.com/pentecostalidad/docs/apuntes_sobre_la_identidad_pentecostal* [subido en marzo del 2013]

Campos, Bernardo. *De la Reforma Protestante a la Pentecostalidad de la Iglesia*. Quito, Ecuador: CLAI, 1997

Campos, Bernardo. *El Principio Pentecostalidad: La unidad en el Espíritu, Fundamento de la Paz*. Salen, Oregón, USA: Kerigma Publicaciones, 2016.

Campos, Bernardo. *Experiencia del Espíritu. Claves para una interpretación del pentecostalismo*. Quito, Ecuador: Ediciones CLAI, 2002.

Campos, Bernardo. *Hermenéutica del acontecimiento Fundante. Un análisis de la tesis de relectura bíblica de José Severino Croatto*. Tesis de Bachillerato: Seminario Evangélico de Lima, 1981

Campos, Bernardo. *La Guerra espiritual un desafío a la misiología* en: *http://www.sigueme.net/estudios-biblicos/29-la-guerra-espiritual-un-desafio-a-la-misionologia-actual-1/2/3/* [Consultado 10.7.2011]

Campos, Bernardo. *La Madurez del Hermano Menor. Apuntes sobre el Sujeto de la Producción Teológica Pentecostal,* Lima, Perú: 2012.

Campos, Bernardo. *La Tarea Hermenéutica*. Lima, Perú: CEPS, 1987.

Campos, Bernardo. *Los albores del Post pentecostalismo: Ocaso y nacimiento de una pentecostalidad más inclusiva*. Publicado en Cyberjournal for Pentecostal-Charismatic-research- (USA): *http://www.pctii.org/cyberj/cyberj13/bernado.html* [junio 20 02].

Campos, Bernardo. *Situación de los Pentecostalismos en el Perú*, en: http://es.slideshare.net/ipermaster/situacion-de-los-pentecostalismos-en-el-peru-2013

Chiquete, Daniel. *Haciendo Camino al andar: Siete ensayos de Teología Pentecostal.* Costa Rica: Lara Segura & Asoc. 2007

Daniel Goleman, *La inteligencia emocional.* Barcelona: Editorial Kairós, 1996

De Wit, Hans. *En la dispersión el texto es patria: Introducción a la hermenéutica clásica, moderna y posmoderna.* San José, Costa Rica: Universidad Bíblica Latinoamericana (UBL)-CEEP, 2011.

Dos Santos Oliva, Alfredo y Benatte, Antonio Paulo (Orgs.), *Cem Anos de Pentecostes. Capítulos da História do pentecostalismo No Brasil.* Sao Paulo: Fonte Editorial, 2010.

Duffield, Guy P. y Van Cleave, Nathaniel M. *Fundamentos de teología Pentecostal.* USA: LIFE Pacific College, 2da edición, 2002.

Elíade, Mircea (ed.), *The Encyclopedia of Religion,* Nueva York, Macmillan, vol. 9, 1995.

Emmons, Robert A. *Spiritual Intelligence* en: Definitions. *http://mindwise.com.au/ei_assessment. shtml* [consultado el 10. 08. 2014]

E-Sword - *the Sword of the LORD with an electronic edge.* © 2014 United States of America. www.e-sword.net

Fernandes de Souza, Elton. *Conflitos entre pentecostais: representaçoes da igreja universal do Reino de Deus no âmbito da Igreja Evangélica Assembleia de Deus do Brasil* (1990-2009) en Alfredo Dos Santos Oliva-Antonio Paulo Benatte (Orgs.), *Cem Anos de Pentecostes. Capítulos da História do pentecostalismo No Brasil.* Sao Paulo: Fonte Editorial, 2010

Ferrater Mora, José. *Diccionario de Filosofía.* 2 Vols. Bs As.: Editorial Sudamericana, 1971

Freud, Sigmund. *Obsessive acts, religious practices. Reprinted* (1953-1974) in the Standard Edition of the Complete Psychological Works of Sigmund Freud (trans. and ed. J. Strachey), vol. 7. London: Hogarth Press, 1907

Gadamer, Hans-Georg. **Verdad y Método: Fundamentos de una Hermenéutica filosófica,** Salamanca: sígueme, 1977.

García Vázquez, José Antonio. **Psicopatología y espiritualidad. Informaciones Psiquiátricas.** Tercer trimestre 2007. Número 189. County Hospital, Dirham City. 14-09-07

Gioblina Brumana, Fernando. *El Cuerpo Sagrado. Acerca de los análisis de los fenómenos de posesión demoníaca.* **Separatas de la Revista Española de Investigación Sociológica N° 34,** abril-junio 1986: 1-21.

Icaza, Rómulo. **"Discernimiento: El Arte de Distinguir y Separar"** en: **Desarrollo Cristiano Internacional** (2003-2011) *http://www.desarrollo-cristia no.com/articulo.php?id =188* [Consultado el 02. 03. 2015]

Jung, Karl Gustav. **Simbología del Espíritu: Estudios de fenomenología Psíquica con una aportación de Riwkah Schärf.** México: FCE, [4]1994

Kaiser, Jr. Walter C. *"Single Meaning, Unified Referents: Accurate and Authoritative Citations of the Old Testament by the New Testament,"* in Stanley N. Gundry et al, **Three Views on the New Testament Use of the Old Testament** Grand Rapids: Zondervan, 2007

Khun, Thomas S., **International Encyclopedia of Unified Science** Vol. II, No. 2 USA 1962, The University of Chicago), 43-51, 1970

Kittel, Gerhard – Friedrich, Gerhard y Bromiley, Geoffrey W. **Compendio del Diccionario Teológico del Nuevo Testamento.** Colombia: Libros Desafío, 2002

Kuhn, Thomas S. **La estructura de las revoluciones científicas.** España: Fondo de Cultura Económica de España, 2005

Küng, Hans. *"Cambios de modelo de Iglesia en la marcha del pueblo de Dios"* (publicado originalmente en la Revista Éxodo, Madrid, 1986) y también en: **Revista Electrónica Latinoamericana de Teología (RELaT)** *Nro. 265, http://servi cioskoinonia.org/bíblico* [descargado el 18 enero 2012]

Küng, Hans. **El cristianismo. Esencia e Historia.** (Madrid: Editorial Trotta, 1997

Kunneman, Hank *El Revelador de Secretos*. USA: Casa Creación, 2009

Land, Steven. *La espiritualidad Pentecostal: Una pasión por el Reino*. Ecuador: SEMISUD, 2009

Lightfoot, John. *Exercitations upon the Gospel of St. Luke*, in *e-sword, http://www.e-sword.net* (versión 10.3.0, por Rick Meyers. 2000-2014)

Lugo, Gamaliel (editor), *Jubileo La Fiesta del Espíritu. Identidad y Misión del Pentecostalismo Latinoamericano*. Maracaibo Venezuela-Quito, Ecuador: CLAI, 1999.

Mansilla, Miguel Ángel. *La Cruz y la esperanza. La cultura del pentecostalismo chileno en la primera mitad del siglo XX*. Chile: Editorial Universidad Bolivariana, 2009.

Mesquiati de Oliveira, David *"Profetismo Bíblico e Profetismo Pentecostal: Um Chamado à Transformação social"* en David Mesquiati de Oliveira (Organizador), *Pentecostalismos e Transformação Social*. Brasil: Fonte Editorial-RELEP, 2013: 39-63.

Mesquiati de Oliveira, David. *Missão, Cultura e Transformaçao. Desafios para a práctica missionária comunicativa*. Brasil: Editora Sinodal-CLAI, 2011.

Mesquiati de Oliveira, *Eis-me aquí, Sehnor. Disponibilidade como chave missionária*. Brasil: Editora Sinodal-CLAI, 2014

Moulian Tesmer, Rodrigo. *Metamorfosis Ritual. Desde el Ngillatun al Culto Pentecostal. Teoría, historia y etnografía del cambio ritual en comunidades mapuche williche*. Valdivia, Chile: Eds. Kultrún, 2012.

Mowinckel, Sigmund. *El que ha de venir: Mesianismo y Mesías*. Madrid: FAX, 1975

Muchembled, Robert. *Historia del Diablo. Siglos XII-XX*. México: Fondo de Cultura Económica. [6]2013.

Naugle, David K. *Worldview. The history of a Concept*. Grand Rapids, Michigan-Cambridge, U.K:William B. Eerdmans Publishing Company, 2002

Newberg A, Leeb. *The neuroscientific study of religious and spiritual phenomena: Or why God doesn't use the statistics*. Zygon, 2005; 40: 469-489.

Padilla, C. René (editor) *La fuerza del Espíritu en la Evangelización. Hechos de los apóstoles en América Latina*. Bs. As.: Kairós, 2006

Pannenberg, Wolfhart. *Fundamentos de Cristología*. Salamanca: Ediciones Sígueme, 1975

Pöll, Wilhelm. *Psicología de la Religión*. Barcelona: Herder, 1967

Popper, Karl. *La lógica de la investigación científica*. (Editorial Tecnos. 1985)

Pucciarelli, Eugenio y Romero, Francisco. *Lógica*. Bs. As. Espasa-Calpe Argentina, 1952

Ricoeur, Paul. *El conflicto de las interpretaciones. Ensayos de hermenéutica*, 3 volúmenes: I. Hermenéutica y psicoanálisis, II. Hermenéutica y estructuralismo, III. Introducción a la simbólica del mal, México-Buenos Aires, Fondo de Cultura Económica, 2003.

Ricoeur, Paul. *Finitud y Culpabilidad*. Madrid: Taurus Humani-dades, 1991

Ricoeur, Paul. *Ideología y Utopía*. Traducción: Alberto L. Bixio. 2a edición. Barcelona. Gedisa Editorial, 1994

Rodríguez Amenábar, Saúl Miguel. *Metapsicología y Hecho Religioso*. Bs.As.: Ed. Universitaria de Buenos Aires, 1979

Rodríguez-Grandjean, Pablo. *Experiencia, tradición, historicidad en Gadamer* en: *www.cepalforja.org/sistemdocumentos/ decisio28_saber8.pdf*

Ropero, Alfonso -Hughes, Philip E. *Teología Bíblica del Avivamiento. Avívanos de nuevo*. Barcelona: CLIE, 1999

Siddle, R. *Religious Beliefs in Schizophrenia*. PhD thesis. Manchester: University of Manchester. 2000

Sobrino, Rubén. *La Psiquiatría de los Fenómenos Paranormales*. El Ojo Crítico. *http://ojo-critico.blogspot. com/2006/06/la-psiquiatria-de-los-fenomenos.html*

Solivan, Samuel, *The Spirit, Pathos and Liberation. Toward an Hispanic Pentecostal Theology,* England: 1998

Stone, Perry. *Cómo interpretar los Seños y las Visiones*. USA: Casa Creación, 2011

Tancara Chambe, Juan Jacobo. *Teología Pentecostal Popular. La fe en comunidades periurbana y andinas*. La Paz, Bolivia: ISEAT-PC, 2011

Tourain, Alain. *Crítica de la Modernidad*. México: Fondo de Cultura Económica, 2000.

Vaccaro, Gabriel O. *Identidad Pentecostal*. Quito, Ecuador: CLAI, (edición ampliada y corregida) ,1990.

Vargas, Roy Alfaro. *El Concepto de Ideología en Paul Ricoeur*, en: *Revista Ciencias Sociales de Costa Rica* 119: 153-161 / 2008 (I)

Vives Rocabert, Juan. *La religión como sistema delirante*. [Entra-da posteada en No 16 abril 2001, Textos #16]. En: *http://subjetividadycultura.org.mx/2013 /04/la-religion-como-sistema-delirante/*

Weber, Max. *Economía y Sociedad. Esbozo de sociología comprensiva,* México: FCE, 1964, 2002.

Weger, Karl-Heinz. *La crítica religiosa en los tres últimos siglos*. Barcelona: Herder, 1986.

Yong, Amos *The Spirit of Creation. Modern Science and Divine Action in the Pentecostal-Charismatic Imagination*. USA-UK: William B. Eerdmans Publishing Company, 2011

Yong, Amos. *Beyond the Impasse. Toward a Pneumatological Theology of Religions*. USA: Paternoster Press -Baker Academic, 2003

Yong, Amos. *Discerning the Spirit(s): A Pentecostal-Charismatic Contribution to Christian Theology of Religions*. UK: Sheffield Acdemic Press, 2000.

Zirker, Hans. *Crítica de la Religión*, Barcelona: Herder, 1985

Zohar, Danah y Marshall, Ian. *Inteligencia Espiritual, la inteligencia que permite ser creativo, tener valores y fe*. Ed. Random House Mondadori. Barcelona, 2002

www.ingramcontent.com/pod-product-compliance
Lightning Source LLC
Chambersburg PA
CBHW020919090426
42736CB00008B/710